'어떤 일을 하 ... 을 하느냐?'이다. '노와이
Know Why'를 깨닫 ... , 행복한 세상이 된다. 평범한 내 일과 삶이 타인과 사회에
긍정적 영향력을 주기 시작하며 즐거움은 배가 되기 때문이다. 이 책에 그 비밀
이 담겨 있다.

- **민의식** 우체국시설관리단 경영전략실장,《사람은 다 다르고 다 똑같다》의 저자

20년 이상 직장생활을 하고 있는 나는 '노와이**Know Why**'의 의미처럼 본질에 대한
이해가 무엇보다 중요하다고 생각한다. 내가 하고 있는 일에 어떤 의미와 가치가
있으며 그 일의 제대로 된 완성을 통해 고객에게 어떤 소중한 가치를 전달할 수
있을지 예측할 수 있다. 거기서부터 일에 대한 진정한 열정이 생겨난다고 확신한
다. 그런 면에서 이 책은 다양한 사례 분석을 통한 유용한 정보를 제공해준다. 직
장인이라면 꼭 한 번 읽어보길 바란다.

- **김부기** 에스프린팅솔루션 경영지원팀 지원그룹장

국내 1호 변화디자이너로 활동하는 저자가 뉴노멀, 4차 혁명 시대에 개인과 조직
운영의 길을 분명히 밝힐 수 있도록 책을 통해 핵심을 얘기한다. 항상 그의 메
시지는 명쾌하고 분명하다. 본질에 있어서 큰 울림을 주는 것은 역시 국내 일류
기업과 대학에서 경영자문 및 컨설팅을 통해 직접 부딪히며 익힌 경험에서 비롯
된다. 이 책은 항상 '명실상부하며 실사구시 해야 한다'는 그의 말을 증명한다.

- **송인석** 한국FPSB 풀림아카데미 본부장

경영서이지만 에세이 같은 느낌을 준다. 노와이의 메시지는 경영에 대한 내용이
지만 그 전개 방식은 일상의 이야기를 듣는 듯 편안하다. 그래서인지 책을 덮고
도 전해오는 메시지와 감동이 오래간다.

- **송대곤** 삼성에스원 인재개발원 부원장

양과 질이 우선이던 시대를 지나 현재와 미래는 격이 요구되는 시대다. 이러한 시대를 살아가는 우리에게 '노와이'는 품격을 갖추어야 하는 이유를 설명해준다. '종이컵에 담긴 200원짜리 커피에도 제공하는 사람의 혼이 담기면 격이 달라질 수 있다'는 아주 단순한 교훈이지만 훈훈하다. 또한 4차 산업혁명 시대에 그리 녹록치 않은 타자와 더불어 살아야 하는 방법을 쉽게 제시해주고 있어 곧 성인이 될 아들에게 추천하고 싶다.

- 이권재 JW그룹 송파교육원 교육팀장

교육업무를 하면서 교육의 목적보다 교육생의 반응과 만족에만 신경 쓴 나 자신을 반성하게 된다. 읽는 동안 '코레일 교육의 문제점이 이거였구나'라면서 많은 깨달음을 얻었다. 이 책은 우리 조직의 '노와이'와 나의 '노와이'에 대해 치열하게 고민하게 하는 계기가 되어주었다.

- 박용주 코레일 인재개발원 리더십부 차장

세상을 긍정의 힘으로 바라보고 소통하는 것, 그 안에서 변화와 새로운 패러다임으로 고정된 사고의 틀을 바꾸는 아름다운 메시지를 전하고 있다. '노와이'는 일상의 경험과 노력에서 오는 진정성이다.

- 손성환 진건농협 용정지점장

이제 노하우는 검색 사이트에서 30분만 투자하면 습득이 가능하다. 하지만 인생과 일의 참의미인 '노와이'는 30년이 지나도 못 찾는 경우가 많다. 저자의 평소 지론이 고스란히 녹아 있는 이 책을 통해 나의 일과 삶을 되새겨본다.

- 박승현 (주)KCC오토 영업팀장

고객만족을 넘어 자신의 업이 지닌 본질적인 가치실현을 통해 커피 한 잔에 소통과 진정성을 담아내려 했던 故유계승 사장에게 고개가 숙여진다. 항상 우리 부서원들에게 고객만족을 위한 방법을 생각하라고 외쳐왔던 나에게 '노와이'는 새로운 관점을 갖게 해주었다. 이런 새로운 개념을 정립하고 과감히 4차 혁명 시대에 가야할 방향으로 제시한 저자에게 존경의 찬사를 보낸다.

- 이재록 에스텍시스템 FM 총괄본부장

높은 수준의 목적과 동기인 '노와이'로 사명감과 집념을 가지면 더 높은 수준의 변화와 차별성을 가질 수 있다고 저자는 말한다. 또한 그는 쉴 틈 없는 자기변혁의 실천가로서 주위에 이상적이면서 강력한 '노와이' 실천의 영향력을 발휘하는 진정한 변화의 에반젤리스트이다.

- 현승훈 신원종합개발 경영지원팀 팀장

새로운 변화로 가득한 요즈음 '어떻게 살아야 하나', '무엇을 해야 하나'라는 답 없는 질문으로 답답할 때 '노와이'라는 키워드가 경종을 울린다. 저자와 함께하는 진정성과 본질, 목적을 추구하는 삶으로의 이야기는 어쩌면 당연한 것인데도 숭고하면서 감동적이기까지 하다. 인생의 변화 그 아름다운 출발을 위한 소중한 책이다.

- 설현수 유진그룹 인사팀 차장

4차 산업혁명 시대,
개인과 조직의 운명을 바꾸는 힘

KNOW WHY 노와이

허일무 지음

4차 산업혁명으로
작아지는
노하우의 힘!

어떻게 차별화와
혁신을 만들 것인가?

나비의 활주로

차별화와 경쟁력,
가치창출을 위한 새로운 통찰,
노와이

 지금은 저성장, 저유가, 저금리 그리고 구조적 공급과잉으로 대변되는 뉴노멀New Normal의 시대이다. 또한 이제 가속화 되고 있는 4차 산업혁명은 변화의 새로운 지향점을 바꾸어 가고 있다. 따라서 언제 끝날지 모르는 험난한 변화의 파도를 헤쳐 나가야 하는 모든 개인과 조직의 바람은 생존과 성장이다. 이런 시기에 차별화를 통해 경쟁 우위를 만드는 것이야말로 가장 중요한 지향점이라 할 수 있다. 더 나아가 적절한 수익과 의미의 균형, 주변으로부터의 인정과 존경, 하는 일에서 자부심과 행복은 무엇보다 중요하다.

나는 오래전부터 이런 주제와 관련된 저술가와 학자들의 주장과 이미 그런 위치에 있는 개인과 조직의 생각에 귀를 기울여왔다. 그리고 이들 모두의 이야기와 주장에는 표현과 뉘앙스만 다를 뿐, 과거와 현재 그리고 미래를 관통하는 공통적인 메시지가 있다는 것을 발견했다. 그것은 다음과 같다.

첫째, '남다른 목적과 동기의 추구'이다. 자신은 물론 다른 사람의 열정을 불러일으키고 영감을 부여하는 목적과 동기를 가지고 있다. 둘째, '다른 관점과 다른 언어의 사용'이다. 자기 일을 다른 관점으로 바라보고 다른 언어로 표현하는 것을 말한다. 이것은 창의성과 차별화의 원천이 된다. 마지막으로 '신념과 가치, 정체성의 중시'이다. 탁월한 역량과 기술보다는 일하는 이유와 원칙과 가치를 중요하게 여기는 것이다.

이러한 특징을 통합하고 설명할 수 있는 새로운 키워드를 오랜 고민 끝에 발견했다. 그것은 바로 노와이Know-Why이다. 노와이는 '어떤 대상에 특별한 목적과 동기를 부여하는 의식적인 노력과 행동으로 정의한다. 노와이는 익숙하고 평범한 것을 낯설고 비범하게 만들어 새로운 가치를 창출할 수 있는 마인드 셋Mindset이며 전략이고 역량이다. 노하우Know-How란 단어에 익숙한 이들에게는 노와이가 어색하고 낯설게 느껴질 수도 있을 것이다. '참 좋은데~ 어떻게 표현할 방법이 없네'라는 한 광고의 문구처럼, 노와이에 대한 나의 애착은 강렬하지만 좀 더 쉽게 와 닿게 설명하지 못하여 아쉬울

따름이다.

　나는 노와이란 단어를 정의하고 떠올리기 이전부터 노와이를 지향해왔다. 과거 직장생활 시절, 직무에 대해 가졌던 생각과 행동들(뒤에서 자세하게 다룬다), 박사 논문 주제를 정하는 과정에서 이끌렸던 주제들, 그리고 현재 직업을 남들과 다르게 '변화디자이너'라 정의한 것이 그 증거물이다. 그동안 수집하고 정리해 온 자료들을 보면 모두 비슷한 지향점, 즉 특별한 목적과 동기를 추구해 온 개인과 조직에 관련된 것들이 대부분이었다.

　사람들에게 더 많은 공감을 일으키고 동기부여 하는 것은 영웅이나 위인보다는 우리 주변에서 흔히 만날 수 있는 평범한 사람과 조직의 이야기이다. 우리는 옆에 있는 평범한 누군가가 다들 생각하지 못하는 것, 어렵다고 하고 있지 않은 것을 행동에 옮기는 모습을 통해 더 많은 감동과 영향을 받는다.

　이 책에는 노와이가 가진 의미와 중요성을 강조하기 위해 노와이를 실천하는 다양하고 유명한 개인과 조직의 사례가 등장한다. 하지만 단언컨대 20년 가까이 자신의 목적과 동기를 잃지 않으며 한결같이 고객들의 존경과 사랑을 받아온 한 자판기 운영자의 이야기는 어려움을 헤쳐 나가야 할 기업의 경영자, 직장인, 소상공인에서 미래를 준비하고 있는 학생까지 모두에게 도움이 될 것이다.

이 책은 총 5개의 파트로 구성하였다. 먼저 파트 1은 평범한 자판기 운영자와의 인터뷰 내용을 중심으로 구성하였다. 두 번의 직접 인터뷰와 이해하지 못했던 내용을 묻기 위해 전화 인터뷰도 추가로 했다. 독자는 파트 1의 내용만으로 내가 이 책을 통해 무엇을 말하고자 하는지 충분히 이해할 수 있으며 노와이의 개념과 실행에 대해서도 큰 그림을 그릴 수 있을 것이다. 따라서 바쁜 상황이라면 파트 1만이라도 꼭 읽어보길 바란다.

파트 2에서는 과거 경쟁우위와 성공의 원천이었던 노하우가 왜 경쟁력을 잃어가고 있는지에 대해 살펴본다. 이것은 분야를 막론하고 일과 비즈니스를 지속해서 해나가기를 바라는 개인과 조직이 관심을 가져야 할 주제이다. 노하우가 필요 없거나 중요하지 않다는 의미는 아니다. 단지 그동안 노하우가 제공해온 편익과 우위가 경제와 사회 환경의 변화 그리고 정보통신과 과학의 발달로 한계를 나타내고 있기에 이와 관련한 전문가들의 의견과 메시지를 들어봄으로써 다가올 새로운 변화의 지향점을 생각해보았으면 한다.

파트 3에서는 노하우의 한계를 극복하고 더 지속하는 성장과 변화를 이끌며 차별화를 가능하게 할 노와이에 본질에 대해 알아본다. 노와이는 영역을 불문하고 탁월함을 갖고 수익과 의미의 균형을 유지하며 존경받고 있는 개인과 조직의 핵심역량이고 마인드 셋이다. 내가 새롭게 발견하고 정의한 노와이의 내용과 그 핵심요소인 목적과 동기가 왜 중요한지 다양한 사례와 이야기를 통해 이해할 수 있을 것이다.

파트 4는 노와이 중요성을 세상에 열광적으로 전파하며 직접 실천하고 있는 노와이 에벤젤리스트들에 대한 내용을 다룬다. 노와이의 추구가 얼마나 의미 있고 중요한지 행동으로 실천하는 개인과 평범한 자영업자 및 기업의 사례를 살펴본다. 파트4를 통해 우리는 노와이가 어떻게 대상과 일 그리고 비즈니스의 규모나 영역과 관계없이 행복과 몰입 그리고 성공으로 이끄는 핵심 요소로 작용하는지를 이해할 수 있게 된다.

마지막으로 파트 5에서 노와이의 개발 방법에 대해 중점적으로 다룬다. 노와이는 지금-여기Now&Here의 법칙을 따른다. 따라서 현재의 일이 얼마나 소중하고 의미 있는 것인지 알게 될 것이다. 그리고 그것을 통해 그 일에 대한 고차원적인 목적과 동기를 발견하고 새로운 변화를 시도하는 기회를 얻게 된다.

각 장이 끝날 때마다 내용의 이해와 정리를 위해 그 장의 핵심내용을 요약해서 제시했다. 시간이 날 때마다 정리된 핵심내용을 반복해서 읽어보기를 권한다. 노와이에 대한 영감을 얻는데 도움이 될 것이다.

　끝으로 이 책의 내용은 실용적인 다양한 사례와 이야기뿐만 아니라 더 깊은 이해를 원하는 독자를 위해 학문적인 근거에도 충실하고자 했으니 뒤에 기재한 참고문헌을 참조하기 바란다. 자, 그럼 이제부터 당신의 일과 비즈니스를 더욱 의미있고 가치있게 만들어 줄 노와이의 세계로 떠나보자.

허일무

CONTENTS

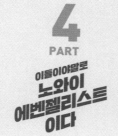

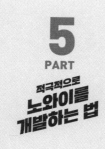

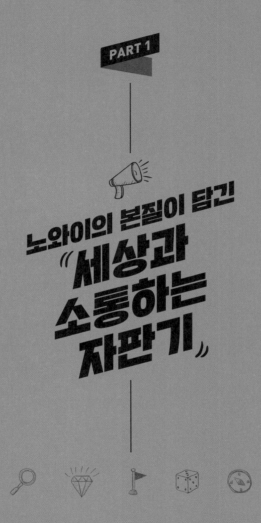

PART 1

노와이의 본질이 담긴
《세상과
소통하는
자판기》

"세상에서 처음 만난
소통하는 자판기"

"디저트는 남을 소중하게 생각하고 배려하는 마음으로 만들어야 한다.
먹는 사람을 섬기는 정신이 들어가지 않으면 아무리 설탕을 써도 감동을 줄 수가 없다."
-쓰지구치 히로노부(일본 제과장인)

현재 사용하는 사무실을 얻기 전까지 나는 주로 집에서 일했다. 여기저기 많이 다니며 강연을 하는 데다 직원도 없는 1인 기업이기 때문이다. 하지만 집에서 일하다 보면 시간 관리도 잘 안 되고 집중력은 떨어지며 나태해지기 십상인 데다가, 강의가 없는 날에는 하루 세끼를 집에서 다 먹다 보니 아내가 아무 말 안 하더라도 괜히 눈치를 보게 된다.

이런저런 궁리 끝에 '사무실을 얻을까?'라고 생각하다가 차선책으로 집 근처 시립도서관을 이용하기로 했다. 인터넷도 이용할 수 있고 필요한 책은 언제든지 볼 수 있으니 더할 나위 없이 좋은 조건이었다.

도서관을 방문한 첫날, 점심을 먹고 밀려오는 졸음과 사투를 벌이다 달콤한 자판기 커피가 생각났다. 도서관 휴게 공간 구석에 있는 자판기에 동전

소통하는 자판기

종이컵이 탁 소리를 내며 밑으로 내려오고 커피가 채워지는 동안 잠시 무료함을 달래기
위해 자판기를 무심코 둘러보았다. 자판기 여기저기에 부착물과 글귀들이 지나칠 정도
로 많이 붙어 있는 모습이 특이했다.

자판기의 부착물과 글귀

커피를 마시며 자판기 여기저기 붙어 있는 글들을 하나씩 꼼꼼하게 읽어 내려가다 보니 점점 가슴이 뛰기 시작했다. 마치 기자가 특종을 목격했을 때의 마음이 이렇지 않을까 싶었다.

을 넣고 버튼을 눌렀다. 종이컵이 탁 소리를 내며 밑으로 내려오고 커피가 채워지는 동안 잠시 무료함을 달래기 위해 자판기를 무심코 둘러보았다. 자판기 여기저기에 부착물과 글귀들이 지나칠 정도로 많이 붙어 있는 모습이 특이했다. 부착물과 문구를 하나씩 읽어 내려가면서 내 눈은 점점 커졌다.

특히 커피 자판기 옆에 있는 캔 음료 자판기의 문구에 절로 미소 짓게 되었다. 음료를 선택할 수 있도록 견본으로 전시해 놓은 모형 캔이 있는데, 그 캔 각각에는 그 음료의 특성과 장점을 재미있게 설명해 놓은 푯말이 붙어 있었다. '총각네 야채가게'가 연상되었다. 총각네 야채가게는 각종 채소와 과일에 재치 있는 문구들을 써 붙여 놓기로 유명하다. 처음에는 '음료 자판기 운영자가 총각네 야채가게를 벤치마킹한 재미있는 분이구나' 싶었다. 그리고 정확히 표현할 수는 없지만, 나의 직업적 감각과 느낌들이 스멀스멀 살아나기 시작했다.

커피를 마시며 자판기 여기저기 붙어 있는 글들을 하나씩 꼼꼼하게 읽어 내려가다 보니 점점 가슴이 뛰었다. 마치 기자가 특종을 목격했을 때의 마음이 이렇지 않을까 싶었다.

제일 먼저 눈에 띈 것은 자판기 운영자가 붙여 놓은 일종의 선언문이었다. 선언문은 총 열 가지의 항목으로 이루어져 있었으며 '자동판매기 운영자는 다음과 같이 최선을 다짐한 약속을 선언합니다'로 시작되었다.

동탄도서관 2층 자동판매기 운영자는
다음과 같이 (최선을 다짐한 약속)을 선언 합니다.

1. 물…수도, 약수, 정수기 물이 아닌 (알카리이온수) 사용.
    (좋은 물水을 사용한, 좋은 차茶 제공 위한 투자)
2. 커피, 크림… (株) 동서식품 정품 만 사용.
        제조사의 최근 15일 내 생산 제품만 사용.
    ※저희 커피, 크림은 중국산을 절대 사용하지 않습니다.
3. 국산차…전통 회사, 제조 시점 1주일 내 생산 제품.
4. 음료 캔…유명회사 중 선별된 다양한 無탄산 음료캔
5. 컵 …고급 컵 제공으로 드신 후 물컵으로 재사용 가능.
6. 제품 출고 시기에 유념하여 최근 제품만을 선별 구입.
7. 매일 방문 청소, 점검하며 매주 일요일 대청소.
    (자판기는 청결이 가장 중요하며, 언제든지 내부 공개)
8. 사용 중에 불편, 개선 사항은 연락 주시면 30분 내 에
    도착, 처리하며, 차 한 잔과 통화료를 대접해 드립니다.
9. 취업 관련 자료를 비치하여 수험생 분들께 정보 제공.
10. 이용자 분 들과 (함께 한다)는 고통 분담 원칙으로
    <최저가격, 최소이익>을 약속 드립니다.

        맛있게 드신 후 분리수거를 부탁 드립니다.
        좋은 하루 보내세요.   고맙습니다.

☎운영자…

자동판매기 운영 선언문

선언문은 총 10개의 항목으로 이루어져 있었으며 '자동판매기 운영자는 다음과 같이 최선을 다짐한 약속을 선언합니다'로 시작되었다.

" 가슴 설레는
운영자와의 첫 만남 "

"커피의 본질은 소통이다. 사람들이 모이는 곳엔 커피가 있고 대화가 시작된다.
커피는 사람들을 연결해주고 소통하게 한다."

-폴 바셋(Paul Bassett, 바리스타)

두 번째로 시선을 끈 것은 이용자들이 자판기 운영자에게 보낸 감사편지와
운영자의 답장이었다. 나는 자판기 이용자들이 운영자에게 감사편지를 쓴
것도, 그 편지에 운영자가 답장을 쓴 것도 모두 이해가 안 되었다. 무인으로
운영되는 자판기에서 따뜻한 소통이 일어나고 있었으니 말이다. 자판기 운
영자는 '이용자들이 직접 자필로 쓴 편지에 감사하다'는 말과 함께 〈싸고, 맛
있게, 깨끗하게〉라는 세 가지의 운영원칙을 지키겠다고 다음 페이지의 글
과 같이 답장을 작성해서 부착해 놓았다.

이 내용을 읽고 나서 조금의 망설임도 없이 자판기에 붙어 있는 자판기
운영자의 휴대폰 번호를 눌렀다. 도대체 이 음료 자판기 운영자는 어떤 사
람일까? 그리고 왜 보통의 자판기 운영자들이 하지 않는 행동과 노력을 하

는지 그 목적과 동기가 너무나도 궁금했다.

전화기 넘어 들려오는 자판기 운영자의 목소리는 다소 작고 차분하지만 단호함이 느껴졌다. 간단하게 나를 소개하고 직접 만나서 인터뷰를 진행하고 싶다고 전했다. 하지만 자신은 그저 평범한 사람일 뿐인데 무슨 할 말이 있겠느냐고 거절하였다. 나는 현재 어떤 일을 하고 있고, 왜 만나려고 하는지 구체적으로 설명했다. 그러자 자판기 운영자는 자판기 청소를 하는 저녁 시간에 오면 만나주겠다고 조건부 허락을 해주었다.

기다리는 동안 설렘과 의구심이 교차했다. '자동판매기 운영자는 어떤 사람일까? 실제로 자판기 여기저기 붙어 있는 문구대로 자판기를 운영하는 것일까? 이용자들은 자판기를 어떻게 운영하든 큰 관심과 기대가 없을 텐데 특별할 것 없는 평범한 음료수 자판기 운영에 지극정성을 다하는 이유는 무엇일까? 혹시 자판기 운영자가 왼손이 한 일을 오른손이 알게 해야 한다는 신념을 가진 사람은 아닐까? 자판기를 올바르게 양심적으로 운영하는 것이 중요하다고 생각되면 그냥 그렇게 하면 되지 구태여 자판기에 운영원칙과 선언문까지 붙여놓고 할 필요가 있을까? 자판기 여기저기에 요란하게 붙여 놓은 문구들은 단순히 보여주기 위한 생색내기용은 아닐까?'

생각이 꼬리에 꼬리를 물었다. 하지만 내가 목격한 것들이 모두 사실이었으면 하는 바람이 더 컸다. 이런저런 생각을 하고 있을 때쯤 엘리베이터가 열리면서 자판기 운영자로 보이는 분이 이런저런 물건을 들고 아주머니 한 분과 같이 나타났다.

연필로 한 글자, 한 글자
(온 마음)을 담아 써 내려 가신
아름답고 예쁜 마음이 가득 채워진 연필 편지!
어느 분의 편지 보다
소중하게 저에게 다가 오네요!!
제가 (초심-첫 마음), 굳게 지켜서
<싸고 맛있고 깨끗하게> 운영 3원칙,
마칠 때 까지 지킴을 다짐 드립니다.
고맙습니다!!!

동탄복합문화센터 도서관 2층 자동판매기 운영자 上書

이용자의 감사편지와 운영자의 답장

이 내용을 읽고 나서 조금의 망설임도 없이 자판기에 붙어 있는 자판기 운영자의 휴대폰 번호를 눌렀다. 도대체 이 음료 자판기 운영자는 어떤 사람일까? 너무나 궁금했다.

노와이의 본질이 담긴 세상과 소통하는 자판기

역시나 부드럽고 깔끔한 느낌에 단호한 인상이었다. 전화기로 들었던 목소리의 느낌과 너무 비슷해 놀라웠다. 내가 먼저 다가가 연락한 사람이라고 밝혔더니 "저는 유계승입니다."라고 소개하셨다. 약간 쑥스러운 듯 "저는 드릴 말씀이 없는데 어떻게 하죠? 그냥 평범한 자판기 운영자예요. 정말입니다."라고 차분하게 말씀하셨다. 예상대로 동행한 분은 아내였다. 그는 자신이 다리에 장애가 있어 자판기 관리를 할 때 항상 아내가 같이 다닌다고 하였다.

" 자판기 커피에 담긴
장인 정신 "

"오로지 돈을 목적으로 삼고 돈을 버는 일에만
온종일 열심인 사람보다
더 불쌍하고 비루한 사람은 없다."
-존 록펠러

그렇게 유계승 사장과의 첫 만남이 시작되었다. 나는 조급증이 발동해 망설임 없이 궁금한 것들을 질문하기 시작했다.

첫 번째는 자판기 차에 사용하는 물에 대한 질문이었다. 유 사장이 고객들에게 선언한 '최선을 다하기 위한 열 가지 원칙' 중 첫 번째가 고급 물 사용이다. 나는 도대체 고급 물이 무엇인지 그리고 왜 고급 물을 사용하게 되었는지 제일 먼저 알고 싶었다. 이에 대해 질문하자 그는 자판기 커피와 차에 사용하는 물에 대해 남다른 철학과 원칙이 있다고 했다.

"어떤 물을 사용하느냐에 따라 위생 문제뿐만 아니라 차의 맛을 좌우합니다. 어떤 자판기 운영자들은 화장실에 있는 수돗물을 받아서 사용하기도 하고 조금 더 위생에 신경 쓰는 경우에는 일반 정수기 물을 사용합니다. 하지만 저는 깨끗하고 맛있는 최고의 자판기 커피를 제공하기 위해 투자와 수고를 아끼지 않습니다. 그래서 집에 알칼리 이온수기를 설치했습니다. 하루에 한 번씩 집에서 정수한 물을 가져와 교체합니다. 제가 알칼리 이온수를 고집하는 이유는 두 가지입니다. 첫 번째, 깨끗한 물을 사용하여 위생적인 차를 제공하기 위해서입니다. 깨끗한 물을 사용하여 차를 만드는 것은 가장 기본이라고 생각합니다. 두 번째, 이용자들에게 비록 자판기 커피이지만 최고의 맛을 제공해야 한다는 거죠."

차를 판매하는 사람이 위생적이고 최고의 맛을 낼 수 있는 물을 사용하여 커피와 차를 제공하는 것은 상식적이고 당연한 거로 생각할 수 있다. 하지만 이런 얘기를 다도의 명인이나 세계적인 바리스타가 아닌 자판기 운영자에게서 듣기는 쉽지 않다. 유 사장과 아내는 최고의 커피 맛을 내기 위해 남다른 노력을 기울였다. 집에서 정수한 무거운 물통을 들고 와 매일 자판기 물을 교체하는 번거로움과 수고스러움을 마다하지 않았다.

"저와 아내는 집에서 정수 물, 약수 등의 다양한 종류의 물에 커피를 타서 수없이 맛을 시음해봤습니다. 그런 노력 끝에 얻은 결론은 알칼리 이온수로 탄 커피 맛이 가장 깔끔하고 좋다는 점입니다. 번거롭고 힘들지만 매일 알칼리 이온수로 정수한 물을 무겁게 들고 와서 교체하는 이유가 있는 거죠. 아내는 커피광입니다. 커피를 워낙 좋아하고 입맛이 까다롭습니다. 하지만 꼭 저와 여기 와서 자판기 커피를 한 잔씩 마십니다. 맛있고 깨끗하기 때문이지요."

일반적으로 자판기 커피는 마시고 나면 입이 텁텁하고 뒷맛이 개운하지 않은 경우가 많다. 반면 유 사장이 운영하는 자판기 커피는 마시면서도, 마시고 나서도 깔끔하고 개운한 맛이 나는 나름의 특별한 이유가 있었다. 자판기 커피 맛에 대한 집착과 노력은 여기서 끝나지 않는다.

"저는 국내 대형회사에서 생산하는 신뢰할 만한 커피 브랜드만을 사용합니다. 그런데 매일 커피를 시음해 보면 커피 맛이 균질하지 않아요. 대기업에서 생산하면 커피 맛이 균질해야 하는데 말이 안 되는 거죠. 보통 자판기용 커피는 1박스에 12봉지가 들어 있는 데 맛이 다 똑같지는 않고 미묘한 차이가 납니다.

어떤 경우에는 탄 맛이 심하게 나서 커피를 봉지째 버리기도 합니다. 제 생각에는 그 원인이 커피를 볶는 과정에서 발생한다고 봅니다. 그래서 몇 년 전부터 지속해서 제조회사 고객서비스 센터에 커피 맛이 균질하지 않은 것을 해결해달라고 요청하고 있습니다. 물론 기껏해야 커피자판기 1대를 운영하는 사업자가 하는 얘기라서 그런지 잘 해결되지 않고 있습니다. 그래도 잘못된 건 바꿔야 한다고 생각합니다. 저는 직접 전화를 걸어 항의도 하고 맛이 다른 제품을 보내어 확인을 요청하며 반품도 하는 노력을 멈추지 않고 있습니다."

이런 노력은 특별한 신념이 있지 않으면 하기 힘들다. 일반적으로 자판기 운영자들은 커피와 설탕의 비율과 당도 정도만 관리한다. 커피의 로스팅 정도에 따라 맛이 균질한지 아닌지도 관심도 없고 잘 알지도 못한다. 더군

다나 이용자들도 자판기 커피 맛에 대한 세심한 관심은 없다. 자판기 커피란 그저 잠깐의 휴식과 잠을 쫓기 위한 일회성 소비에 지나지 않기 때문이다. 이 정도면 몇천 원짜리 커피를 판매하는 프랜차이즈 커피 매장 정도의 고민과 노력을 기울이는 것이다. 오히려 더 노력한다는 것이 맞을 것 같다.

실제로 한 언론 매체의 조사에 의하면 유명 커피전문점 대부분은 수도꼭지에 정수 필터기를 연결해 정화한 수돗물을 사용하고 있는 것으로 나타났다.

도자기를 흙과 물, 불이 빚어내는 영혼의 예술이라고 한다. 도공들이 철저한 장인정신과 직업윤리를 갖고 최고의 도자기를 만들기 위해 노력하기 때문이다. 도공들은 가마 문을 열고 원치 않는 도자기를 미련 없이 깨버린다. 유 사장도 최고의 물과 커피, 자판기를 통해 자신의 영혼을 담은 커피를 세상에 내놓기 위해 노력한다. 유 사장이 로스팅이 잘못되어 맛이 다른 커피를 봉지째 버리는 행위는 도공의 행위와 다르지 않다. 그래서 나는 감히 유 사장을 자판기 커피의 장인이라고 부른다.

제대로 된
자판기 음료를 추구하다

"인간에게 진정으로 필요한 것은 긴장이 전혀 없는 상태가 아니라,
자신에게 가치 있는 목적을 위해 투쟁하는 태도이다."
-빅터 프랭클

유 사장의 '자판기 운영 원칙 열 가지'에 담긴 핵심 철학은 다음과 같다. 바로 내가 마음 놓고 먹을 수 있는 깨끗하고 건강한 차와 음료수를 고객에게 제공하겠다는 의지이다. 이 대원칙은 1999년 처음 과천시 보건소에서 자판기 사업을 시작한 이후 한 번도 변하지 않고 지켜져 왔다.

그가 왜 커피와 크림을 반드시 국내 1위 커피 브랜드인 회사의 것만을 사용하고 국산 차도 국내 전통 차 제조회사에서 생산된 지 1주일 이내의 제품을 구입해서 사용하는지 이해되었다. 그의 이런 노력은 캔 음료에도 적용된다. 도서관의 주 이용자는 학생들이다. 학생들은 최근 유행하고 있는 고카페인 음료와 탄산음료를 선호한다. 하지만 유 사장이 운영하는 자판기에는 고카페인 음료와 탄산음료는 찾아볼 수 없다. 왜 그럴까?

"학생들의 건강을 걱정하는 부모들의 마음을 헤아리기 때문이지요. 사실 고카페인 음료나 탄산음료를 팔면 매출은 더 올라갑니다. 하지만 저는 성장기에 있는 학생들의 건강이 더 중요하다고 생각합니다. 게다가 캔 음료를 유명회사 브랜드만을 선별해서 출고된 지 얼마 안 된 것만 사서 판매합니다. 아무래도 오래된 캔 음료는 건강에 더 안 좋을 수 있죠. 물론 일부 업자들은 유통기한이 얼마 남지 않은 음료를 더 싸게 구매해서 사용하는 경우도 있습니다. 하지만 저는 그렇게 하고 싶지는 않은 거죠."

그는 커피 자판기의 가장 중요한 문제는 위생이라고 지적한다. 한때 언론과 방송에서 자판기 관리 실태를 특집으로 다룰 정도로 사회적인 문제가 되기도 했다. 그렇다면 자판기 관리를 어떻게 하는지 궁금했다.

"저는 자판기 사업을 시작한 이후로 하루 1회 청소와 주말 대청소의 대원칙을 철저하게 준수하고 있습니다. 주말에도 변함없이 자판기를 청소하고 관리하는 일을 합니다. 평일에는 집에서 삶아 온 행주로 자판기 안의 지저분한 것들을 중심으로 닦고 청소합니다. 주말에는 기기를 일일이 다 분리해서 2~3시간 청소합니다.

이런 원칙을 세워놓고 지키려다 보니 쉬는 날이 없습니다. 유일하게 쉬는 날은 도서관 휴관 일입니다. 그러므로 주말에 아내하고 휴가를 느긋하게 보내거나 여행을 가본 적이 없습니다. 그래도 이 원칙을 계속 유지하고 있습니다. 어떻게 하겠어요. 내가 정한 원칙이니까 스스로 지켜야지요."

얘기를 들으면 들을수록 유 사장이 위대한 자판기 운영자라는 생각이 들었다. 유 사장은 평범한 자판기를 운영하면서 자신만의 높은 기준을 정해놓고 지켜나가고, 다른 사람들과 다르지 않은 일을 하면서 다른 일을 하는 사람처럼 말하고 행동했다. 또한 이용자들은 생각지도 않은 세세한 부분까지 생각하며 자신이 정한 원칙을 스스로 지켜왔다. 이 모든 것이 존경할 만한 점이었다. 내가 그동안 기업에 다니면서 강조했던 핵심가치 경영과 윤리 경영의 살아 있는 표본을, 그것도 평범한 사람의 위대한 노력을 눈앞에서 직접 보고 있다는 사실에 가슴이 더 뛰기 시작했다.

"가격에 숨겨진
놀라운 진실 "

"세상에 기운을 북돋우기 위해 존재한다."
-레드불

요즈음 평범한 대중 제품에 가치를 추가해 B+등급으로 끌어올리는 'B+프리미엄 전략'이 트렌드다.[1] B+프리미엄 전략은 가격을 올리고 가치는 더 올리는 것이다. 유 사장이 평범한 자판기에 들이는 노력과 정성을 보면 B+프리미엄 전략을 추구하는 듯하다. 건강과 위생을 중시하는 사회적 분위기를 고려할 때 최고의 재료와 정직한 노력으로 고객의 욕구를 충족시켜 더 높은 수익을 창출하는 것이다. 하지만 그는 자판기 음료에 프리미엄만 추가하고 가격은 올리지 않는다. 캔 음료는 종류에 상관없이 모두 500원이고 자판기 커피와 차는 아메리카노만 제외하고 모두 200원이다. 보통의 자판기에서 판매되는 캔 음료 및 커피 가격 보다 30~50% 정도 저렴하다.

이 가격은 그가 처음 자판기 사업을 시작할 때 가격 그대로라고 한다. 물

안녕하세요. 자판기 아저씨
주말마다 도서관을 이용하는
고등학교 3학년 남학생 입니다.
그야말로 쌍둥에 불이 떨어져서
매일 학교와 집만을 오가는
힘든 생활 이지만
아저씨의 자판기 커피같은
따스한 배려에 매주 조금이나마
힘이 나곤 합니다.
연일 치솟는 물가에도 학생들을 위해
음료가격을 올리지 않으시고 오히려
학생들의 장래까지 걱정해 주시는
모습에 정말 감동 받았습니다.
그런 아저씨의 사랑을 단돈 500원에
받을 수 있으니 이렇게 부한 사람이 또
있을까요.
언제나 감사하고 또 죄송스런맘에
서툰 글솜씨로 나마 감사한 마음을
전해봅니다.
- 3월 1일 .... 사랑하는
한 고등학생이 -

감사드립니다!
서로 나누는 마음으로
1,000원 1장은 열공 중에
2차례 드실 수 있기에,
친구와 나 눌 수 있기에,
동도 오시느라 목마름에,
무탄산 음료 한 모금으로
기분 좋으신 하루를 위해
저도 자식을 키우는
부모 심정으로
이익에 연연 않고 합니다.
알아 주셔서, 힘이 나네요.
  차茶 한 잔의 교감에
행복한 시간 들 입니다.
청결하게 관리 하면서
변치 않고 500원!!... .
열심히. 열심히 하세요.
편지, 고맙습니다!!!

20●●●●●●
동도 2층 자동판매기 운영자上書.

B+프리미엄 전략

나는 정말 생각지도 못한 대답에 말문이 막혔다. 그리고 '아 대단하시네요!'라는 감탄사가 절로 나왔다. 만약 "그냥 그 정도면 손해 볼 것도 없고 또 싸게 해서 박리다매로 하는게 제 생각입니다."라는 식으로 얘기했다면 아무런 느낌도 감동도 없었을 것이다.

론 그도 그동안 가격 상승요인이 생길 때마다 고민을 많이 해왔다. 그렇지만 싸고 맛있는 음료를 제공하겠다는 자신의 신념과 고객과의 약속을 저버리지 않았다. 또한 이 가격대를 고수하는 데에는 더 깊은 뜻이 있었다.

"저는 공공시설 내에 장애인들을 위해 자판기를 설치하고 운영하도록 하는 조례가 생기면서 국가로부터 혜택을 받았습니다. 이것이 자판기 운영이 생업이지만 지나치게 이익을 추구하면 안 된다고 생각하는 이유입니다. 국가로부터 혜택과 배려를 받은 만큼 사회에 이익을 환원하거나 기여해야 하는 거죠."

그의 얘기를 들으면서 자기 일에 대해 소명을 갖는 것이 어떤 의미인지를 알 수 있었다. 인간의 참된 가치는 그 사람이 가진 소유물도, 능력도, 하는 일도 아닌 그 사람이 갖고 의식의 수준이 아닐까.

그런데 왜 하필이면 캔 음료는 500원이고 자판기 커피는 200원인지 그 이유가 궁금했다. 물론 그 정도 가격을 받아도 운영이 될 거라는 상식적인 수준에서 생각할 수 있다. 하지만 분명히 다른 이유가 있을 것 같아 가격 책정의 기준을 물어봤다. 이 질문에 대답은 그의 아내가 확신에 찬 목소리로 얘기를 이어나갔다.

"우리는 캔 음료와 커피값을 얼마로 하면 좋을까 고민을 많이 했어요. 도서관에서 자판기를 주로 이용하는 사람들은 학생들이잖아요. 보통 학생들은 친구와 같이 와서 음료수를 마시는 경우가 많거든요. 그냥 1,000원짜리 한 장을 넣으면 친구와 같이 마실 수 있으면 좋겠다는 생각을 했어요. 600원이나 700원을 받으면 그렇게 할 수 없잖아요. 그게 전부에요. 커피값도 조금이라도 더 받으면 좋겠지만, 남편과 같이 상의해 봤어요. 비록 자판기 커피이지만 얼마 정도 받으면 사람들이 이 커피를 마시면서 대접받는다고 생각할까 하고요. 그래서 200원으로 정했어요."

나는 정말 생각지도 못한 대답에 말문이 막혔다. 그리고 '아 대단하시네요!'라는 감탄사가 절로 나왔다. 만약 "그냥 그 정도면 손해 볼 것도 없고 또 싸게 해서 박리다매로 하는 게 제 생각입니다."라는 식으로 얘기했다면 아무런 느낌도 감동도 없었을 것이다. 그는 가격을 결정하는데 수익과 매출보다는 인본주의적 가치와 기준을 적용했다. 다른 사람들이 흉내 낼 수 없는 자기만의 철학과 관점을 소유하고 있음을 엿볼 수 있다.

이런 노력에도 불구하고 유 사장은 너무 낮은 가격에 음료수를 판매하다 보니 평소 자판기에 대해 잘 신뢰하지 않는 이용자들로부터 오해를 받기도 했다. 한 번은 어떤 이용자가 "이렇게 캔 음료를 싸게 판다면 혹시 유통기한이 지나거나 거의 다 된 캔을 파는 것 아닌가요?"라고 의심했다. 앞에서 얘기했지만, 유통기한이 얼마 남지 않거나 지난 캔은 더 저렴하게 구매할 수 있다. 실제로 일부 운영자들이 더 높은 이익을 위해 그런 행동을 한다는 방증이다. 그는 캔 음료에서 가장 중요한 것은 제조 일자라고 말하면서 최근 제조한 캔 음료를 최저의 가격으로 제공하기 위해 발품을 팔아 그것이 가능한 단골 유통업체와 거래한다고 했다.

또 한 번은 도서관 앞 상가의 카페 주인이 찾아와 '나는 아메리카노를

1,500원씩 팔고 있는데 당신이 300원에 팔면 어떻게 해요?'라고 강하게 항의하는 해프닝도 있었다. 카페 주인은 누군가 도서관 안에서 아메리카노를 300원에 판다고 하니 자판기 커피인 줄 모르고 오해를 했던 모양이다. 도서관은 층마다 자판기 운영 사업자가 다르다. 전국에서 가장 싼 가격에 자판기를 운영하다 보니 다른 층에 있는 자판기 사업자에게 가격을 인상하라는 압력을 받기도 한다. 물론 가격 인상을 요구하는 다른 사업자의 입장도 충분히 이해가 된다. 한 건물에서 운영되는 자판기의 음료 가격이 다르면 고객 입장에서 가격이 더 싼 자판기를 이용하기 때문이다. 그는 다른 자판기 사업자의 가격 인상 요구에 항상 이렇게 대답했다.

"저도 더 올려 받으면 좋지만 19년 전부터 지금까지 변함없이 지켜 온 원칙이고 이용자와의 약속이라 어떻게 할 수가 없습니다. 미안합니다."

나는 처음에 유 사장의 행동을 자신을 드러내기 좋아하는 장사꾼의 전략이나 상술로 오해했던 것이 부끄러웠다. 그는 자판기 이용자에게 품질 좋은 음료를 더 싼 가격에 제공하여 자신이 국가로부터 받는 혜택을 이용자들에게 베풀겠다는 선의Good Will와 신념을 어렵게 행동으로 옮기고 있었을 뿐이다.

"사람의 마음을 향한
음료 한 잔"

"먼저 무엇이 되고 싶은지 자신에게 말하라.
그런 다음에는 해야만 하는 일을 하라."
-에픽테토스

유 사장의 자판기 운영에 대한 남다른 생각과 행동은 여기에 그치지 않았
다. 자판기를 이용하다 보면 거스름돈 부족, 동전 걸림과 삼킴, 재료 부족과
같은 문제가 생겨 불편을 겪는 일이 종종 생긴다. 하지만 그가 운영하는 자
판기의 이용자들은 이런 것들을 걱정할 필요가 없었다.

물론 그런 불편이 생기지 않도록 사전에 철저히 관리하는 건 당연하다.
그래도 만약에 문제가 생긴다면 자판기에 동전 투입구 옆에 붙은 전화번호
로 연락하면 된다. 그는 연락받은 후 30분 이내 도착을 원칙으로 했다. 또
한, 이용자가 자판기 문제로 겪은 불편을 보상하기 위해 차 한 잔을 무료로
대접하고 그것도 모자라 통화료 500원까지 지급했다. 여러 가지 사회적 문
제가 되어 폐지된 도미노 피자의 30분 배달보증제가 오버랩 된다. 한때 도

미노 피자는 30분 이내에 주문한 피자를 배달하지 못할 경우 피자값을 받지 않는 서비스를 제공했다. 음료 자판기에 '30분 문제 해결 보증제'를 도입할 생각을 하다니 놀랄만한 발상이 아닐 수 없다.

자판기 이용자들을 위한 유 사장의 고민은 여기에서 끝나지 않았다. 자판기 옆에는 입시정보와 취업정보가 부착된 두 개의 게시판이 있었다. 나는 처음 자판기 옆 게시판을 발견했을 때 게시된 내용이 수준이 높고 유익해서 도서관에서 운영하는 것으로 생각했다. 하지만 이것 또한, 유 사장의 서비스 정신에서 비롯된 결과물이었다. 그는 자판기 옆 빈 곳에 정기적으로 신문과 각종 취업 및 입시정보를 직접 스크랩하여 정보 게시판을 운영했다.

"이 일은 자판기 사업을 처음 시작한 1999년 이후로 지속하고 있습니다. 처음에는 이용자들이 도움이 될 만한 간단한 정보를 제공했어요. 시간이 지나면서 대학입시, 도서 그리고 취업과 관련된 정보로 내용을 넓혀갔습니다.

도서정보는 도서관에서 취급하지 않는 것을 중심으로 매일 리뉴얼 하고 입시 정보는 한 달에 한 번씩 업데이팅합니다. 국가에서 시행하는 각종 자격시험과 공무원 시험 일정 정보는 1년마다 교체해요. 생각보다 이 작업이 쉽지 않아요. 많은 시간과 노력이 들어갑니다. 그래도 이용자들이 자판기에서 음료를 뽑아 마시면서 휴식시간을 갖는 건데 잠깐이라도 도움이 되는 읽을거리를 제공하면 좋겠다는 생각 때문에 계속 한 거죠. 도서관 측에서 창문을 가린다고 해서 두 개의 게시판 중 하나는 철거해서 자판기 옆면에다 부착해서 운영하고 있습니다."

30분 문제 해결 보증제

그는 연락받은 후 30분 이내 도착을 원칙으로 했다. 또한, 이용자가 자판기 문제로 겪은 불편을 보상하기 위해 차 한 잔을 무료로 대접하고 그것도 모자라 통화료 500원까지 지급했다.

정보게시판

자판기 옆 빈 곳에 정기적으로 신문과 각종 취업 및 입시정보를 직접 스크랩하여 정보 게시판을 운영했다.

단순히 음료수를 판매하여 이익을 남기는 데만 목적을 두지 않고 이용자들이 음료수를 뽑아 든 잠깐의 쉬는 시간까지 도움을 주기 위해 노력하는 유 사장의 깊은 배려가 느껴졌다.

유 사장이 이용자들에게 제공하는 또 다른 특별한 서비스가 있다. 그것은 자판기 종이컵으로 일반 자판기 운영자들이 사용하는 것과 좀 다르다.

"저는 일반 자판기 종이컵보다 구매단가가 박스당 몇천 원 높은 것을 사용합니다. 커피값을 저렴하게 받으면 원가를 줄이기 위해 당연히 더 싼 종이컵을 사용해야 한다고 생각할 수 있지만 저는 더 질이 좋고 두께가 두꺼운 종이컵을 사용합니다.

예전에는 항공사에 납품하는 최고급 종이컵을 사용했습니다. 하지만 더 구할 수 없게 되어 현재의 컵을 사용하게 되었습니다. 현재 사용하는 종이컵은 컵 중앙에 컵을 단단하게 잡아주는 세 개의 줄이 있습니다. 그래서 컵이 물에 젖어 흐물거리는 것을 방지합니다. 이 컵도 요즘에 수급하기 힘들어 제조사에 직접 전화를 걸어 사정해서 어렵게 구해 사용하고 있습니다.

제가 비싼 종이컵을 사용하는 이유는 안전과 자원절약 때문입니다. 종이컵의 종이 질이 안 좋고 얇으면 학생들이 뜨거운 차를 마시다 화상의 위험이 있습니다. 또 보통의 종이컵은 얇아서 사용 후 바로 버리지만 제가 자판기에 사용하는 컵은 차를 마신 후 헹구어 온종일 물 컵으로 사용할 수 있습니다."

사실 유 사장의 이런 노력 뒤에는 원가상승으로 수익 악화를 극복해야 하는 어려움이 있었다. 그럼에도 그는 다음과 같이 말했다. "최근에 가격문제로 고민을 하는 게 사실입니다. 만약 재료 원가가 계속 상승하면 현재의 가격으로는 운영이 어려워집니다. 그러나 고객과의 약속을 지키기 위해 버틸 수 있을 때까지 현재의 가격을 유지하겠다는 것이 제 기본원칙입니다. 그것이 공공시설 내 장애인 우선 분양권의 혜택을 받으며 자판기 사업을 해 온 제가 사회에 보답하는 길이니까요."

정진홍 서울대학교 명예교수는 한 언론과의 인터뷰에서 벤처창업을 꿈꾸는 젊은이들하고 만났던 경험을 말하면서 이런 얘기를 했다. "모두 돈 벌겠다는 이야기만 하더라. 하지만 그 이야기에 '왜'는 없었다. 나는 경제학도 모르고, 이념도 모르지만 본질적인 질문을 그들에게 계속 물었다. 왜 돈을 벌어야 하는가, 왜 사는가, 지금은 너무 반인간적인 구조 아닌가. 성공, 효도, 국가와 민족 이런 얘기만 하지 말고 돈 벌어 더불어 살자는 얘기 좀 하자, 기업들도 이런 얘기 좀 해줬으면 좋겠다."[2]

이런 관점에서 볼 때 유 사장의 이야기는 평범한 자판기를 운영하면서 '왜?'라는 근본적인 질문을 던지고 인간적인 측면을 고려하며 더불어 사회를 만드는데 기여하는 실천적 사례이다.

과거 먹고 살기 힘들었던 어려운 시절에는 '먹고 살려고' 수준의 목표를 갖고 열심히 하면 어느 정도 통했다. 그것이 타인을 설득하고 참여하게 하는 보편적 가치며 기준이었다. 하지만 지금은 다르다. 우리는 넘쳐나는 물질의 풍요를 경험하고 있다. 자신과 타인을 설득하고 동기부여 하는데 생존과 금전적 이익을 뛰어넘는 무언가가 필요하다.

사람들에게 감동과 영향력을 미치는 요인들은 무엇일까? 우리는 위대하고 아름다운 것을 만나면 감동하고 그것으로부터 긍정적인 영향을 받는다. 그러나 우리는 때론 본래부터 가진 위대함과 아름다움보다는 평범한 것으로부터 보게 되는 아름다움과 위대함으로부터 더 큰 영향을 받는다. 이것이 유 사장의 이야기가 더 큰 감동과 영향력을 주는 이유이다.

유 사장이 음료 자판기에 자신의 영혼을 담아내는 노력을 하는 이유는 무엇일까? 왜 다른 자판기 운영자들은 하지 않는 다른 생각과 행동을 하는 것일까? 이런 본질적인 호기심이 스멀스멀 발동했다. 그리고 '과연 이용자들은 그의 이런 노력을 얼마나 이해하고 공감할까' 하는 생각이 들었다.

"감사의 편지를 받는 이상한 자판기"

"자판기는 교감입니다.
세상과의 교감, 사람과의 교감, 눈에 보이지 않지만
이용자들하고 교감하는 것입니다."

-유계승(전 경기도 화성시 동탄 복합문화센터 도서관 자판기 운영자)

자판기가 세상과 소통한다고 하면 뭔가 어색할 것이다. 인공지능이라면 모를까 무인으로 운영되는 자판기가 이용자들하고 소통하는 것은 있을 수 없는 일이다. 하지만 유 사장의 자판기는 분명 이용자들과 따뜻하고 감동적인 소통의 매개체가 되고 있다. 캔 음료 자판기 왼쪽 옆면에는 그 증거물인 쪽지와 편지들이 가득 부착되어 있었다.

처음 그와 인터뷰를 하기 전 자판기에 부착된 편지들을 보며 들었던 생각은 '이건 뭐지?' 정도였다. 도대체 자판기를 운영하는 사람이 어떻게 했기에 이용자들이 자판기 운영자에게 정성스럽게 자필로 감사편지까지 쓸 수 있는 지 잘 이해되지 않았다.

"학생들뿐만 아니라 다양한 사람들이 저에게 편지를 직접 건네거나 자판기에 붙여 놓습니다. 지금까지 수많은 편지들을 받았지만 가장 기억나는 것은 한 시험 준비생이 보낸 장문의 편지입니다. 대학교를 졸업하고 교원자격시험을 준비하는 학생이었는데, 어렵게 공부하면서 마음 놓고 차를 한 잔 뽑아 먹을 수 있어서 좋았다는 내용이었습니다. 그 편지를 읽으면서 일에 대한 보람과 자부심을 느끼고 더 열심히 제대로 해야겠다고 다짐하게 되었습니다. 때론 어린 학생들이 고사리 같은 손으로 꾸불꾸불 쓴 크리스마스카드를 받기도 합니다. 또는 초콜릿, 홍삼 음료수 같은 선물을 건네기도 합니다. 그러면 저는 그 마음이 너무 고마워서 답장을 적어서 받은 편지와 함께 자판기에 붙여 놓습니다."

내가 직접 눈으로 확인하고 유 사장에게 얘기도 들었지만 이용자들이 감사의 편지를 전달한다는 사실이 여전히 믿어지지 않았다. 내 마음이 순수하지 못해서인가 반성도 해보고 내 상식과 관점의 한계인가 자문도 해봤다. 그는 자판기 이용자들이 감사의 편지와 메시지를 보내는 이유를 다음과 같이 말했다.

"학생들이 감사 편지를 쓰는 이유는 제가 하는 일에 대한 교감과 그것에서 오는 감동이라고 생각해요. 비록 나이 어린 학생들이지만 오랫동안 제가 성실히 자판기를 관리하고 품질과 위생에 신경을 많이 쓰며 저렴한 가격으로 이용자들에게 보답하려는 노력을 지켜보면서 제 마음을 느끼는 것 같아요. 그리고 그것이 마음을 움직이고 감동을 주는 것이 아닌가 합니다.

저는 소통에는 감동이 중요하다고 생각합니다. 또 하나는 존중인 것 같

20___ 토요일 오후 종합자료실 앞 탁자…

젊은 남성 분 께서 스마일 비닐봉투에 담긴 초록색 글씨
의 엽서와 홍삼 드링크 1박스를 傳해 주시면서
(동탄도서관에 1년 정도 다녔는데 이사 하게 되어 그동안
자동판매기 관리를 깨끗이 잘 해 주셔서 고마웠습니다).
라고 말씀 하시고 훌쩍 가셨습니다.

< ~ 저도 보이지 않는 곳에서 타인에게 따뜻한 감동을
줄 수 있도록 최선을 다 하겠습니다…>라는 엽서를 읽으
면서 운영자인 저희 부부에게는 감동 이었습니다.

차 한 잔과 무탄산음료로 이용자 분들과 나누는 보람이고
용기와 격려로 매일 매일, 나름의 최선을 다 하려는 의욕
이 헛되지 않았음을 느끼면서 감사 드립니다.

동탄에서 이사 하셔서 못 뵙게 되어도 젊은 청년 다우신
열정과 노력으로 뜻 하시는 바 성취하시기를 기도 하면서
저희 부부, 감사하고 행복 했습니다.   고맙습니다!!!

20___
동탄도서관 2층 자동판매기 운영자 上書.

자판기에 붙여진 쪽지와 편지

유 사장의 자판기는 분명 이용자들과 따뜻하고 감동적인 소통의 매개체가 되고 있다.
캔 음료 자판기 왼쪽 옆면에는 그 증거물인 쪽지와 편지들이 가득 부착되어 있었다.

아요. 어린 학생들이라 해도 자판기에 문제가 생겨 연락하면 반드시 답변해 주고 절대 반말을 사용하지 않고 감사를 표현하며 인격적으로 대합니다. 그저 저는 오랫동안 제 일을 해온 것뿐인데 학생들이 지켜보면서 신뢰와 믿음이 생긴 것 같습니다."

유 사장과 자판기 이용자들과의 에피소드는 자판기 주변을 벗어난 일상에서도 이어진다. "도서관 자판기를 이용했던 고객들 중에는 길거리에서 마주치면 인사하거나 심지어는 운전하고 가다 차를 멈추고 아는 척하는 경우도 많습니다. 한 번은 지하철에서 어떤 사람이 동탄 도서관에서 공부하고 있는데 깨끗하고 맛있고 값싼 음료수를 잘 마시고 있다면서 인사를 한 적도 있습니다."

이 말을 듣자 자판기에 붙여 놓은 약속이니 선언이니 하는 것들이 보여주기 위한 미사여구에 지나지 않을 것이라고 깎아내렸던 나의 얕은 생각이 얼마나 잘 못 됐는지 반성되고 고개가 숙여졌다.

인터뷰를 마치고 집으로 돌아와 내용을 정리했다. 빨리 많은 사람에게 이 감동적인 이야기를 알리고 싶었다. 그 이후 강의현장에서 리더십, 열정, 핵심가치 경영을 언급할 때마다 학습자들과 그의 이야기를 공유했다. 학습자들은 평범한 자판기 운영자의 생각을 뛰어넘는 노력과 신념에 깊은 관심과 집중을 보였다. 어떤 공공기업 관리자는 직원들과 공유하고 싶다고 자료를 요청하기도 했다.

하지만 나에게는 가시지 않는 의문과 찜찜함이 있었다. 유 사장이 실천

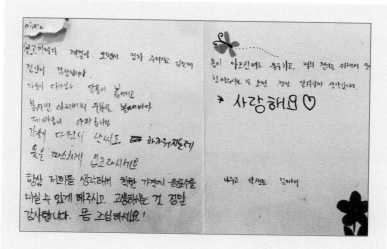

이용자들의 감사 편지

"자판기는 교감입니다. 세상과의 교감, 사람과의 교감, 눈에 보이지 않지만 이용자들하고 교감하는 거죠. 제가 1시간 30분 동안 청소하고 가면 저는 여기 없잖아요. 하지만 자판기를 통해 이용자들하고 교감하는 거죠."

한 특별한 행동들은 '내가 먹을 수 없는 것은 남들에게 제공할 수 없다'는 수준에서 이해하고 넘어가기에는 설명이 충분하지 않았다. 뭔가 그 뒤에 숨겨진 더 큰 의미가 있을 것이라는 생각이 들었다.

인터뷰에서 자판기 운영에 대한 헌신적이며 감동적인 노력에 고개를 끄덕이며 뒤돌아섰지만 정작 중요한 질문은 하지 못했음을 깨달았다. 한참이 지나서야 그와의 두 번째 만남을 가졌다. 그리고 짧지만 지금까지 하지 않았던 본질적인 질문을 던졌다.

"사장님에게 자판기 사업은 어떤 의미입니까?" 그러자 유 사장은 잠시도 머뭇거리지 않고 대답했다.

"자판기는 교감입니다. 세상과의 교감, 사람과의 교감, 눈에 보이지 않지만 이용자들하고 교감하는 거죠. 제가 1시간 30분 동안 청소하고 가면 저는 여기 없잖아요. 하지만 자판기를 통해 이용자들하고 교감하는 거죠."

자판기에 '교감'이라는 표현을 쓰다니 놀랍지 않은가? 이건 보통 어떤 영역의 대가Master들이나 하는 얘기다. 대가들은 일반적인 대상이나 현상의 겉만 보지 않는다. 그 안에 담긴 본질과 의미를 이해하고 다른 것과 연결할 줄 아는 메타인식을 한다. 자판기는 유 사장의 정체성이었다. 즉 자판기가 유 사장 자신이다. 그는 자판기를 통해 자신이 가진 가치와 신념을 실천하고 있었다. 자판기에서 제공되는 캔 음료와 따뜻한 커피 한 잔은 올바른 자판기 음료에 대한 그의 신념과 정성이 담긴 소통의 도구였다.

그는 2011년, 모 방송국의 소비자 고발 프로그램에 출연했다.[3] 과거에 자판기를 운영하던 도서관의 한 직원이 자판기 관리에 정성을 다하는 그의 모습에 감동하여 방송국에 자판기 모범 운영사례로 제보했던 것이다. 그때 당시 인터뷰했던 그 직원의 얘기를 들어보자. 비록 짧은 한마디의 얘기지만 그 직원이 유 사장에게 어떤 느낌을 갖고 있는지 알 수 있다.

"아침, 점심, 저녁 하루에 3번은 오셔서 자판기를 청소하세요. 먹는 사람을 배려해주세요. 커피가 200원인데도 5,000원 못지않게 가치 있는 것 같아요."

유계승 사장과 직접 만나 대화하며 느꼈던 생생한 감동과 느낌을 나의 표현력의 부족으로 정확하게 전달할 수 없어서 아쉽다. 그럼에도 우리의 보편적인 경험과 생각을 뛰어넘는 그의 자판기 이야기는 이 책에서 독자들에게 전하고 싶은 메시지를 충분히 이해시키기에 부족함이 없다. 자판기는 단지 우리에게 편리함을 제공해 주는 기계에 지나지 않는다. 사람들은 대부분 자판기 운영자에게 특별한 경험이나 서비스를 기대하지도 요구하지도 않는다. 또 누가 운영하는지 그 주체가 누군지 궁금해하거나 알고 싶어 하지도 않는 무관심의 대상이다. 하지만 유 사장은 그런 자판기에 생명을 불어넣고 사람들과 교감하고 소통하는 기적을 보여주었다.

이 이야기는 우리가 어떻게 해야 현재 서 있는 곳에서 새로운 가능성과 기회를 발견할 수 있는지를 말해 준다. 또한, 모든 개인과 조직이 저성장, 저유가, 저금리의 뉴노멀 상황에서 어떤 관점을 갖고 새로운 방향을 모색하기 위해 일과 비즈니스를 대면해야 하는지 방향을 제시한다.

그럼 이제부터 유 사장의 신념과 노력이 얼마나 중요하고 가치가 있으며 어떤 의미를 담고 있는지 본질적인 얘기를 시작해보겠다. 결국, 독자들은 왜 유 사장의 이야기가 이 책의 첫 장을 장식해야만 했는지 이해하고 공감하게 될 것이다.

☑ **고객이 안심하고 먹을 수 있는 자판기 음료를 위한 유계승 사장의 노력**
- 커피, 크림, 국산 차 : 대기업 정품 사용, 최근 생산된 제품만 사용
- 캔 음료 : 학생들의 건강을 위해 최근 출시된 선별된 무탄산 음료만 판매
- 종이컵 : 두꺼운 재질의 최고급 종이컵 사용
- 자판기 청소 : 매일 방문 청소 및 매주 일요일 대청소

☑ **자판기 커피를 향한 장인정신**
- 다양한 종류의 물로 테스트를 통과한 최상의 맛을 내는 커피 판매
- 자판기 커피의 균질한 맛을 위해 커피의 로스팅 정도를 확인하는 치밀함

☑ **고객의 마음을 읽는 인본주의적 접근**
- 1,000원으로 친구와 같이 마실 수 있는 캔 음료 가격
- 대접받고 있다는 느낌을 줄 수 있는 자판기 커피 가격
- 이용자들에게 유용한 입시와 취업정보 게시판을 운영
- 자판기 이용 불편 해결을 위한 30분 이내 도착 처리제도

☑ **목적 가치/감동의 경영**
- 10개의 자판기 운영원칙을 20년간 변함없이 지킴
- 국가로부터 받은 이익을 사회에 환원해야 한다는 소명의식을 실천함
- 자판기를 통해 세상과 소통하는 사람으로서 자신의 정체성을 인식함
- 자판기 운영으로 사람들에게 긍정적인 영향력을 발휘함
- 이용자들이 감사편지를 쓰고 유계승 사장은 이에 보답하기 위해
  더 자신의 원칙과 가치에 충실하게 자판기를 운영함

PART 2

점점
《경쟁력을
잃어가는
노하우의
한계》

" 변화의 시대,
노하우 한계에 봉착하다 "

"그림자를 붙잡느라 실체를 놓치지 않도록 주의하라."
- 이솝

"현재 세계 경제는 모든 부문에서 수요보다 공급이 넘쳐나고 있다. 이제 고객의 삶에서 기능적으로 유용한 역할을 갖추는 것만으로는 충분하지 않다. 그것은 최소한의 필요조건에 불과하다." 이는 짐 스텐겔이 《미래기업은 무엇으로 성장하는가 : Grow》[1]에서 기업이 성장하기 위해서는 고차원적인 목표, 즉 사람들의 삶에 커다란 긍정적 차이를 만들겠다는 브랜드 이상이 필요하다는 것을 강조하기 위해 한 말이다.

사실 새롭지는 않다. 이미 오래전 미래학자 롤프 옌센이 《드림소사이어티》[2]에서 더 쉽고 직관적으로 표현했기 때문이다. "모든 시계가 정확한 시간을 알려주게 되면, 시계는 그 기능성보다 감성에 대한 호소를 통해 팔리게 될 것이다."

이 표현만큼 우리가 처한 환경과 상황 그리고 나아갈 방향에 대해 정확하게 반영하는 것은 드물다. 이제는 과거보다 분야에 상관없이 기능과 기술의 우위만으로 오랫동안 높은 지위를 유지하기 더 어려워졌다. 아침에 눈을 뜨면 비슷비슷한 새로운 제품들이 쏟아져 나오기에 우리에게 필요한 것은 약간의 인내심과 명확한 선택의 기준이다. 얼마 지나지 않으면 더 많은 기능과 장점을 가진 제품과 서비스를 더 낮은 가격에 만날 수 있기 때문이다.

나는 예전에 '가장 저렴하게 안경을 구매할 수 있다'는 매장에 가서 안경테를 추천받은 적이 있다. 판매 직원은 자신이 제시한 금액이 가장 싼 가격이라고 큰소리치며 구매를 강요했다. 그 자리에서 즉시 휴대폰으로 똑같은 제품의 가격을 검색해보니 인터넷에서 10%나 더 저렴하게 판매되고 있었다. 물론 온라인과 오프라인 매장의 가격은 차이가 날 수 있다. 하지만 판매 직원을 더는 신뢰할 수 없었다. 이제 소비자에게 '다른 어느 곳에 가서도 이 가격에 이렇게 높은 품질의 제품과 서비스를 구할 수 없습니다.'라고 말하는 것만큼 위험한 거짓말은 없다.

앞서 짐스텐겔이 지적한 것처럼, 지금 거의 모든 분야는 공급과잉 상태에 처해 있다. 가성비가 높은 제품과 서비스가 넘쳐난다. 기술과 기능의 우수성을 가진 선발주자들의 프리미엄도 오래가지 못한다. 즉 노하우의 영향력이 작아지고 있으며 노하우 하나만으로는 오래 버티지 못한다는 의미다. 왜 그럴까? 구체적인 원인을 생각해보자.

노하우Know-How는 '어떤 일을 오래 함에 따라 자연스럽게 터득한 방법이나 요령, 기술, 방법, 비결, 비법'이라는 뜻이다. 따라서 노하우는 경쟁에서 이기고 독보적인 지위를 차지하는데 매우 중요한 요소이다. 개인과 조직이 경쟁자보다 더 많은 시간과 비용을 투자하여 차별화된 노하우를 개발하고 획득하기 위해 노력하는 이유이다. 가장 쉽게 확인할 수 있는 노하우의 각축장이 텔레비전 광고이다. 자기회사의 제품이 타사의 제품보다 어떤 기능이 많고 뛰어난지 고객에게 어떤 편리와 혜택을 더 많이 줄 수 있는지 치열하게 경쟁하는 것을 확인할 수 있다.

지금까지 노하우는 경쟁에서 이기기 위한 보편적인 게임의 규칙이었다. 하지만 분명한 것은 노하우의 영향력이 과거보다 작아지고 있다. 나는 그 원인을 다음의 세 가지 이유에서 찾는다.

그 하나는 정보통신과 네트워크의 발달이다. 인터넷이 발달하고 다양한 네트워크 채널이 생기면서 정보가 더 쉽게 빨리 유통되고 퍼지고 있다. 네트워크의 발달은 전문가들의 전유물이었던 고유 영역의 지식과 노하우를 누구나 쉽게 접근하고 활용할 수 있게 했다. 특별한 노하우가 주는 차별성은 짧은 시간에 평범함이 된다. 노하우의 반감기가 더 빨라질 수밖에 없다. 이제 필요한 정보와 지식은 인터넷에서 쉽게 그것도 공짜로 얻을 수 있다.

예를 들어, 인터넷 포털 사이트에서 '미역국 레시피'라고 검색해보자. 이제부터 새로운 고민을 해야 한다. 어떤 레시피를 선택할지가 더 큰 고민이다. (2017년 2월 5일 기준, 네이버 블로그에만 32,493건의 미역국 레시피에 관한 정보가 있다). 또 리더십이라는 키워드로 구글에서 검색하면 1,000만 건 이상

관련 내용이 검색된다. 수준 높은 학술정보부터 다양한 내용이 너무 많아서 무엇을 참고해야 할지가 걱정이다.

이것은 아주 단순하고 미시적인 사례일 뿐이다. 실제로 우리는 인터넷 환경만 되면 다양한 종류의 고급정보와 기술 그리고 비법을 언제든 얻을 수 있다. 구글과 테슬라는 자신들의 특허기술까지 누구나 사용할 수 있게 오픈소스 형태로 공개했다.[3] 또 전 세계 대학수업을 온라인에서 들을 수 있는 무크MOOC : Massive Open Online Course에는 세계적인 석학들의 강연이 수없이 많다. 강한 욕구와 절박함이 있다면 방법은 과거보다 더 쉽게 획득할 수 있다. 이제는 노하우의 시대가 아닌 목적과 동기가 중요한 꿈과 열망의 시대이다.

그 다음은 과학과 기술의 혁신이다. 인공지능AI 알파고와 이세돌 9단과의 바둑대결은 인간이 만든 가장 복잡한 게임인 바둑에서 과학기술이 인간을 넘어서는 역사적 현장이었다. 그 뒤로 알파고는 전 세계의 최강 바둑선수들을 상대로 전승을 거두었다. 또한, 전문가들은 앞으로 인간의 근력을 사용하는 대부분의 일들이 기계로 대체될 것으로 전망한다. 이미 의학계와 법조계 같은 전문영역에서도 인공지능의 활용이 활발하다. 미국 대학병원의 일부는 환자의 병 진단에 인공지능을 이용하고 있다. 100년 역사를 자랑하는 뉴욕의 대형로펌 베이커앤드호스테틀러는 한 스타트 업이 개발한 인공지능 변호사 '로스Ross'를 파산 자문 영역에 도입하겠다고 발표했다.[4] 이제 지식과 지능은 인간의 영역에서 분리되어 인공지능과 기계의 영역으로 넘어가고 있다.

마지막 원인은 저성장, 소비패턴과 의식 수준의 변화와 관련된다. 글로벌 경기 침체와 저성장은 더 치열한 경쟁 환경으로 우리를 내몰고 있다. 목표를 가지고 열심히 하면 어느 정도 성공이 보장된다는 것은 옛말이 되었고 사람들은 열심히 해도 잘 안 된다는 생각을 하기 시작했다.

이런 팍팍한 현실 때문에 미래를 위해 현재를 희생하며 인내했던 과거와 다르게 '지금 이 순간'으로 소비와 가치가 변하고 있다. 열심히 해도 안 되니 목표보다는 그 과정 자체를 즐기며 목적을 지향하자이다. 욜로YOLO : You Only Live Once 라이프[5]는 현재를 행복하게 살자는 경험소비의 트렌드를 대변한다. '한 번뿐인 인생을 의미 있게 살자'는 가치 중심의 라이프스타일이다. 즉, 사람들은 무조건 소비와 소유를 추구하기보다 자신이 추구하는 목적과 가치를 충족시켜주는 재화와 경험을 더 중시하고 있다.

사람들의 의식 수준도 높아져서 가격과 품질만을 최우선으로 하는 소비에서 재화를 생산하는 과정에서의 환경, 동물, 인권 등의 윤리를 고민하는 착한 소비의 시대로 변하고 있다[6]. '제품과 서비스가 제공하는 노하우의 우수성보다는 노하우가 어떤 과정을 통해 생산되고 유통되는지에 대해 관심을 두는 것이다. 점점 더 노하우에 담긴 진정성, 가치, 스토리가 중요해진다.

그렇다고 노하우의 시장이 아예 사라진 것은 아니다. 특정 영역에서 노하우의 시장은 여전히 융성하고 있다. 노하우는 차별화와 경쟁력의 주요한 원천인 것도 사실이다. 하지만 공급과잉의 경쟁 시장에서는 노하우 이상의 무엇이 필요하다. 이런 현상으로 인해 우리의 지향점이 현저히 변화해갈 것만은 분명하다. 이제 노하우를 넘어서는 새로운 방향과 전략이 필요하다. 이것은 단지 나만의 주장이 아니다. 이미 오래전부터 많은 학자와 저술가들이 노하우 시대 이후를 예견하며 미래의 새로운 경쟁력의 원천과 키워드가 무엇인지 다양한 정의와 개념으로 얘기해왔다. 그리고 그 모든 것들은 결국 하나로 만나는 교차점이 있다.

"다니엘 핑크가 예견한
새로운 미래 "

"많은 사람을 위해 더 나은 일상생활을 창조한다."

- 이케아(IKEA)

먼저 다니엘 핑크**Daniel Pink**가 《새로운 미래가 온다》[7]에서 주장한 얘기를 들어보자. 그는 물질적 풍요, 아시아, 자동화의 세 가지 요소가 새로운 변화의 동력이라고 주장한다. 우리는 과거 공급자 중심에서 수요자 중심의 공급과잉 패러다임에 직면해 있다. 많은 제품과 해결책이 셀 수 없을 정도로 시장에 쏟아져 나오면서 물질적 풍요를 경험한다. 도심 거리는 우후죽순처럼 비슷한 상품과 서비스를 제공하는 매장들이 나타났다 없어지기를 반복한다. 그리고 대형마트의 진열대에는 눈이 어지러울 정도로 많은 제품이 소비자의 선택을 기다리고 있다. 브랜드와 포장만 다를 뿐 본질적으로 뭐가 다른지 정확히 구분하기 힘들다. 이와 같은 물질적 풍요는 과다 만족과 선택 장애라는 두 가지 부작용을 우리에게 안겨주었다. 이제 사람들의 가치와 선택의 기준은 물질적 풍요에서 정신적 의미, 아름다움과 인간의 감정으로 이동하고 있다.

'아시아'는 노동력의 이동과 관련성이 높다. 일상적인 업무와 화이트칼라 업무, 주로 좌뇌를 사용해야 하는 단순하고 반복적인 업무는 임금이 저렴한 아시아 또는 저개발국가로 이동한다. 선진국 근로자들은 대체 불가능한 차별화된 업무능력을 개발하지 않으면 일자리를 잃게 되는 현실에 처해있다.

'자동화'는 요즘 시대적 언어로 표현하면 4차 산업혁명이다. 기계를 통한 자동화는 단순히 블루칼라 영역에서의 변화를 말했다면, 4차 산업혁명은 화이트칼라 영역에도 거센 변화의 바람이 예고된다. 4차 산업혁명을 이끌고 있는 3D프린터, 사물인터넷 IoT, 빅데이터Big Data, 인공지능AI는 인간의 근력을 기반으로 하는 업무뿐만 아니라 의사, 법률가와 같은 전문직업 영역을 대체해가고 있다. 이제 단순한 기능, 지식, 노하우가 필요한 영역뿐만 아니라 전문 영역까지 새로운 변화를 강요받는다.

다니엘 핑크는 이와 같은 변화의 파도를 넘기 위해서 '하이콘셉트'와 '하이터치'의 역량이 필요하다고 주장한다. 하이콘셉트는 트렌드와 기회를 감지하고 훌륭한 스토리를 만들어 내며 관계가 없는 것들을 연결해서 새로운 것을 창출해 내는 능력이다. 그리고 하이터치는 인간관계의 미묘한 감정을 이해하는 능력, 한 사람의 개성에서 다른 사람을 즐겁게 해주는 요소를 도출해 내는 능력, 평범한 일상에서 목표와 의미를 끌어내는 능력이다.

스토리, 관계없는 것의 연결을 통한 새로운 것의 창출, 감정을 이해하는 능력, 평범한 일상에서 목표와 의미를 끌어내는 능력은 과거의 경쟁 원천이었던 노하우만으로는 더는 충족시킬 수 없는 것들이다. 다니엘 핑크가 새로운 시대에 인재가 되기 위해 '디자인, 스토리, 조화, 공감, 놀이, 의미'라는 여섯 가지 재능이 중요하다고 강조한 이유를 되새겨야 한다. 단지 남들보다 좀 더 뛰어난 기능과 기술의 노하우를 보유하는 것만으로는 차별화와 경쟁 우위를 유지하기 점점 어려워지고 있다.

" 소비자의 영혼과 영성에 호소하는 마켓 3.0 ,,

"BBVA는 사람들에게 더 나은 미래를 주기 위해 일한다."
- BBVA(Banco Bibao Vizcaya Argentaria : 스페인 은행)

'소비자의 영혼과 영성에 호소하는 기업이 성공할 수 있다.' 이렇게 필립 코틀러Philip Kotler 노스웨스턴대 켈로그 경영대학원 교수는 《마켓 3.0》에서 말했다.[7] 기업이 시장에서 영향력을 획득하기 위해 추구해야 할 목표, 시장과 소비자를 바라보는 방식, 소비자와의 상호작용, 가치 지향에 있어 전면적인 변화가 필요하다는 의미이다.

코틀러는 시장의 진화를 각각 1.0시장, 2.0시장, 3.0시장으로 표현했다. 1.0시장은 제품 중심으로 수요가 공급을 앞서는 공급자 중심의 시대이다. 1.0시장을 이끈 동인은 산업혁명으로 인한 생산기술의 발달이다. 시장의 주된 관심사는 공장에서 제품을 만들어 모든 대중을 상대로 판매하는 것이었다. 기업의 목표는 제품을 표준화하고 생산비용을 낮추어 소비자가 더 낮은 가격으로 더 많이 구매하도록 촉진하는 것이었다.

1.0시장에서의 마케팅은 거래 지향적이다. 즉 판매방법에만 초점을 맞추었다. 이 시대의 소비자는 이성적인 판단을 하는 존재이다. 많이 만들어 광고를 많이 하면 잘 팔렸다. 따라서 기업은 소비자에게 중심을 두기보다 다른 기업보다 더 좋은 기능을 가진 제품을 만드는 노하우를 중시한다.

2.0시장은 정보화 기술과 인터넷의 발달로 태동하였다. 소비자는 정보통신의 발달로 필요한 정보를 쉽게 확보할 수 있다. 여러 개의 상품과 다양한 기능과 대안들을 비교하고 선택하며 가치를 스스로 정의하는 주체로 변했다. 2.0시장은 한마디로 소비자 지향의 시대이다.

기업은 과거와 달리 소비자의 다양한 필요Needs와 욕구Wants를 충족시키는 제품을 만들고 만족하게 하는 것이 중요한 목표가 되었다. 2.0시장의 마케팅은 소비자의 재구매를 유도하기 위해 관계 지향적 방법에 더 집중한다. 기업은 차별화를 위해 고객의 이성을 넘어 감성을 만족하게 하기 위해 노력한다. 과거는 단순하게 기능적 우위만으로 경쟁우위를 유지했다면, 2.0시장은 감성까지 고려하는 차원 높은 수준의 노하우가 필요하다.

3.0 시장은 한 마디로 가치주도의 시대이다. 고객의 물질적 욕구와 감성을 자극하는 것을 넘어 소비자의 자아실현과 공동의 사회적 가치를 중시하는 영혼의 시대이다. 3.0 시장의 기업들은 사람들을 단순하고 수동적인 소비자로 대하지 않는다. 소비자를 합리적 판단과 선택을 하는 이성적 존재, 정서적 느낌과 욕구를 중시하는 감성적 존재, 그리고 이 둘을 포함하여 영

적으로 성숙한 전인적 존재로 바라본다. 기업은 단순한 고객만족이 아니라 '기업은 세상을 좀 더 나은 곳으로 만들고자 하는 미션과 가치를 가져야 한다'는 고객의 좀 더 성숙한 욕구와 기대를 충족시켜야 한다. 3.0시장에서 소비자들은 기업이 가진 노하우 자체보다는 그 노하우가 어떤 이유와 목적을 가지고 존재하며 세상에 긍정적으로 기여하는가를 중요하게 생각한다.

코틀러는 3.0시장에서 경쟁력을 유지하고 살아남기 위한 마케팅 전략으로 3I모델을 제시했다. 3I는 '브랜드 아이덴티티Identity', '브랜드 품격Integrity', '브랜드 이미지Image'를 말한다. 브랜드 아이덴티티는 시장에서 브랜드를 쉽게 알아볼 수 있도록 포지셔닝하는 것이다. 브랜드 이미지는 소비자가 강한 애착과 유대감을 갖도록 하게 하는 요소이다. 브랜드가 기능과 외관을 넘어 감성적 필요와 욕구에 어필할 수 있을 때 브랜드 이미지는 형성된다. 여기까지가 2.0시장에서 유효했던 방식이다. 물론 3.0시장에서도 효과적인 방법이다. 하지만 더 나아가 '브랜드 품격'을 획득해야 한다.

브랜드 품격은 기업이 소비자의 약속을 성실히 이행하고 그 과정에서 신뢰를 형성함으로써 얻어진다. 브랜드 품격은 소비자의 영혼을 충족시키고 기업을 의지하고 존경할만한 대상으로 여기게 만든다. 홈케어 제품을 통해 최하층의 사람들의 삶을 개선하기 위해 온 힘을 다하는 S.C. 존슨앤드선S.C. Johnson&Son과 '품질 좋은 아웃도어 의류와 신발을 만드는 회사'로 포지션하며 어떤 위기에서도 지역공동체 자원봉사 서비스 프로그램인 '봉사의 길'을 일관되게 실행해 온 팀버랜드Timberland가 브랜드 품격의 좋은 사례이다. 코틀러는 《마켓 3.0》을 통해 우리에게 이런 메시지를 던지는 것 같다. "노하우가 경쟁력을 잃어가며 쇠퇴하고 있다. 이제 노하우를 대신 할 새로운 가치를 개발해야 한다."

"신념의 시장에서
살아남는 법"

"자신보다 위대하고 영원한 무언가에 속해 있다는 느낌이 들지 않는다면
진정으로 탁월한 삶을 이끌 수 없다."
- 미하이 칙센트미하이

덴마크의 미래학자 롤프 옌센Rolf Jensen은 정보화 시대 이후를 드림소사이어티[8]라고 말한다. 드림소사이어티에서는 기능적 가치가 쇠퇴하고 머리보다 가슴이 중요하다. 롤프 옌센이 지적한 기능적 가치의 쇠퇴는 바로 노하우의 한계를 의미한다. 그래서 드림소사이어티는 시장을 상품의 기능적인 가치가 아닌 소비자의 감성에 따라 분류한다.

모험판매, 우정과 사랑의 시장, 관심의 시장, 정체성Who-Am-I 시장, 마음의 평안을 위한 시장, 신념을 위한 시장이다. 이와 같은 시장에서는 기술, 편리 그리고 기능적 우월보다는 소비자의 감성과 고차원적 가치를 충족시키는 능력이 더 중요하다.

나는 롤프 옌센이 20세기에 태동하기 시작했다고 말하는 신념의 시장에 좀 더 주목한다. 그가 예견했던 신념의 시장은 이미 성숙기에 도래했다. 성숙한 신념을 가진 기업들이 소비자의 관심과 사랑을 받으며 성장하고 있다. 신념의 시장과 관련된 사례는 파트3, 4를 참고하면 이해하기 쉬울 것이다.

신념의 시장은 수익도 중요하지만, 수익이 기업의 유일한 목적인 시대의 종말을 의미한다. 대의 마케팅Cause Related Marketing이 바로 신념시장과 관련된다. 대의 마케팅은 기업의 경영활동과 사회적 문제를 연결하는 것이다. 기업의 이익창출을 위한 사익과 사회가 원하는 공익을 모두 충족시키는 게 목표다. 환경, 보건 그리고 빈곤 같은 사회적 문제해결에 마케팅을 결합하는 방법이다. 예를 들어 제품판매를 통해 얻은 이익을 지구 환경보호, 영세상인 지원, 사회의 저소득층이나 소외계층에게 기부하는 형태이다.

미국의 미래학자 존나이비스트John Naisbitt는 "기업이 선한 일을 할수록 판매와 수익이 늘어난다."라고 말했다. 기업의 뛰어난 기술력과 역량이 사회에 어떻게 기여하고 의미를 부여하는지가 기업의 성과에 더 중요한 요소로 작용하고 있음을 강조하는 것이다.

지금 시대에 탁월한 노하우만으로 시장을 지배하여 수익 추구에만 열을 올리며 윤리적 문제를 일으키는 기업들은 소비자에게 외면당한다. 장기적으로는 올바른 신념을 가진 기업들이 소비자들로부터 깊은 신뢰 관계를 구축하여 성장과 생존이라는 두 마리 토끼를 잡을 수 있다.

"사랑받는 기업이 살아남는다"

"우리는 토지와 산림, 천연 자원의 관리자다.
우리는 자산 가치를 높이고 환경을 보호하며 우리가 일하는
지역 사회 번영을 위해 헌신한다."
- 클리크 팀버(Plim Creek Timber Company)

라젠드라 시소디어Rajendra S. Sisodia와 데이비드 울프David B. Wolfe 그리고 잭디시 세스Jagdish N. Sheths는 새로운 방식으로 놀라운 수익을 거둔 세계 최고의 기업들을 연구하였다. 그 기업들을 사랑받는 기업Firms of Endearment이라고 부른다. 그런 대표적인 기업으로는 구글, 도요타, 사우스웨스트항공, 아마존, 웨그먼스, REI, 이베이, 젯블루, 존슨앤존슨, 캐터필러, 컨테이너스토어, 뉴발란스, BMW, 스타벅스, IDEO, 엘엘빈, UPS, 이케아, 조던스 퍼니처, 카맥스, 커머스뱅크, 코스트코, 트레이더조, 파타고니아, 혼다, 팀버랜드, 할리데이비슨, 홀푸드 등을 들 수 있다.⁹⁾

사랑받는 기업이란 모든 이해당사자 집단(사회전체, 지역사회, 환경, 고객, 직원)의 이익을 전략적으로 정렬함으로써 모두로부터 사랑받는 것을 말한

다. 사랑받는 기업들은 어떤 이해당사자 집단도 다른 집단의 희생을 통해 이익을 얻는 일이 없도록 모든 집단의 이익을 올바로 배분하려고 노력한다. 기업의 목적과 모두의 의견을 중시하면서도 자신의 신념을 반드시 실현하려 한다. 사랑받는 기업들은 인본주의적 영혼을 갖고 있다는 공통된 특징이 있다. 또한, 차별화된 역량과 노하우를 가치 있게 만드는 자신들만의 문화와 핵심가치, 규범, 정책들 즉 정신적 자산이 있다. 이 기업들에게 있어 사회적 책임은 자선단체에 돈을 기부하는 단순한 의미가 아니다. 구성원이 이익추구 이상의 의미 있는 활동에 헌신적으로 참여할 수 있음을 의미한다.

라젠드라 시소디어와 동료 학자들은 사랑받는 기업들의 성공할 수 있었던 외부적 요인을 초월성 시대와 인터넷 발달 그리고 고령화로 본다. 초월성의 시대는 문화의 주류가 물질에서 경험적인 영향력으로 이동한다. 즉, 보이는 실체보다 내면적인 것을 더 중시한다. 다니엘 핑크가《새로운 미래가 온다》에서 하이콘셉트의 시대는 좌뇌와 관련된 합리적인 관점에서 감정적이고 직관적인 우뇌의 관점으로 변해가고 있음을 지적한 것과 같다.

인터넷의 발달은 특정한 사람들이 다른 사람들보다 더 많은 정보를 가지고 있는 비대칭성을 해소하고 정보의 교류방식의 민주화를 가져왔다. 이런 변화로 인해 기업이 과거보다 더 높은 투명성을 갖고 의사결정과 경영활동을 하지 않으면 안 되는 부담을 안게 되었다.

고령화는 사회의 주류를 40세 이상의 중·장년층으로 만들고 있다. 중·장년기에 있는 사람들은 물질적 소유에서 개인적인 삶의 의미와 목적으로 라이프스타일이 변해간다. 사람들의 의미와 목적의 추구는 시장뿐만 아니라 직장에서의 기대치를 변화시킨다. 따라서 기업은 의미를 추구하는 고객과 조직 구성원들의 욕구에 반응하기 위해 인본주의적 기업문화를 재형성해야 한다. 그래서 기업들은 재무적인 성과뿐만 아니라 감성과 경험 그리고 사회적인 가치를 만들어 자신만을 위해 일을 하는 것 이상의 무언가를 하여 세상에 돌려주어야 한다는 생각을 하기 시작했다.

다니엘 핑크, 필립 코틀러, 롤프 옌센, 라젠드라 시소디어와 동료학자들이 제시한 미래의 방향과 핵심키워드가 함축하는 바를 잘 살펴봐야 한다.

책 제목	새로운 미래가 온다	마켓 3.0	드림소사이어티	사랑받는 기업
저자	다니엘 핑크	필립 코틀러	롤프 옌센	라젠드라 시소디어 외 2명
주요 키워드	하이콘셉트, 하이테크, 정신적 의미, 연결, 아름다움, 인간의 감정, 우뇌, 디자인,스토리, 조화, 공감, 놀이, 의미	감성과 영혼, 전인적 존재, 자아실현, 공동의 사회적 가치, 사명, 영성, 정체성	감성, 모험, 우정과 사랑, 관심, 정체성, 마음의 평안, 신념	사랑, 집단의 이익, 신념, 인본주의, 사회적 책임, 문화, 핵심가치, 규범, 우뇌, 목적의 추구

여기에는 기존에 갖고 있는 생각과 행동의 틀을 뛰어넘는 새로운 접근과 변화가 필요하다는 공통적인 메시지가 담겨 있다. 즉, 보이는 것보다 보이지 않는 것을 지식, 기술, 기법, 기능 같은 노하우보다 그 안에 담겨진 목적과 동기, 의미와 가치가 더 중요해지고 있다.

☑ 변화의 시대, 노하우는 한계에 봉착하였다

- 기능적으로 유용한 역할만으로는 충분하지 않다. 즉 모든 제품과 서비스가 기능적으로 뛰어나게 되면 그 이상의 차별성이 필요하다.
- 정보통신과 네트워크 발달이 혁신적으로 이루어져 노하우의 희소가치가 떨어지고 있다.
- 과학과 기술의 혁신으로 노하우의 반감기가 빨라지고 있다.
- 저성장, 소비패턴과 의식 수준의 변화로 과정과 목적, 의미의 가치가 더 중요시되고 있다.

☑ 다니엘 핑크가 예견한 새로운 미래

- 물질적 풍요, 아시아, 자동화로 인해 노하우보다는 트렌드와 기회를 감지하고 훌륭한 스토리를 만들어 내는 하이콘셉트와 인간관계의 미묘한 감정을 이해하며, 평범한 일상에서 목표와 의미를 끌어내는 하이터치 같은 역량이 더 중요해지고 있다.

☑ 소비자의 영혼과 영성에 호소하는 마켓 3.0

- 수요가 공급을 앞서가는 공급자 중심의 시대인 마켓 1.0, 공급이 수요보다 많은 수요자 중심의 시대인 마켓 2.0에서 소비자의 자아실현과 공동의 사회적 가치, 감성과 영혼을 중시하는 마켓 3.0의 등장으로 노하우 이상의 새로운 가치가 필요하다.

☑ 신념의 시장에서 살아남는 법

- 드림 소사이어티는 상품의 기능적 가치가 쇠퇴하고 머리보다 가슴이 중요한 시대이다. 기능적 가치의 쇠퇴는 노하우의 쇠퇴를 의미한다.
- 드림 소사이어티의 시장은 소비자의 감성에 따라 분류한다. 모험판매, 우정과 사랑의 시장, 관심의 시장, 정체성Who-Am-I의 시장, 마음의 평안을 위한 시장, 신념을 위한 시장 등을 들 수 있다. 특히 신념을 위한 시장은 기업의 뛰어난 기술력과 역량이 사회에 어떤 긍정적 의미를 낳고 기여하는지와 관련된다.

☑ 사랑받는 기업이 살아남는다

- 사랑받는 기업들은 차별화된 역량과 노하우를 가치 있게 만드는 자신들만의 문화와 핵심가치, 규범, 정책들 즉 정신적 자산이 있다.
- 초월성 시대, 인터넷 발달, 고령화로 사람들의 가치는 물질에서 경험, 더 높은 투명성, 개인적인 삶의 의미와 목적으로 변하고 있다.
- 이런 시대적 변화는 사람들에게 '재무적 성과뿐만 아니라 사회적인 가치를 만들어 자신만을 위해 일을 하는 것 이상의 무언가를 세상에 돌려주어야 한다'는 생각을 하게 한다.

PART 3

도대체
노와이란
무엇인가

"우리는 왜 세상과
싸우고 있는가"

"목적을 잊어버리는 것은 어리석음의 가장 흔한 형태이다."
- 프리드리히 니체

때는 1950년 6. 25 전쟁의 발발 초기, 남한군과 북한군이 들판에서 치열하게 전투를 벌이고 있다. 북한군은 포탄과 총탄을 쏟아부으며 남한군을 밀어붙인다. 남한군은 점점 수세로 몰린다. 남한군 병사들은 두려움과 공포에 떨며 몸을 숨기고 도망가기에 급급하다. 결국 남한군은 전투에서 패배한다. 그리고 생존한 남한군의 병사들은 북한군의 포로가 된다. 포로가 된 남한 병사들은 얼굴도 들지 못한 채 사시나무 떨듯 몸을 떨며 신음을 토해낸다. 이때 묵직한 북한군 장교의 목소리가 들려온다. 그리고 북한군 장교는 포로가 된 남한군 병사들에게 거만하고 자신감 넘치는 말투로 꾸짖듯 말한다.

"어리바리들, 너희들이 와 전쟁에서 지는 줄 아나? 너들이 와 도망치기 바뻔 줄 알아? 그건 와 싸우는 줄 모르기 때문이야! 이 전쟁 일주일이면 끝난다. 전쟁이 끝나면 이 조국에 필요한 건 정말 너희들이야. 고향에 가서 조용히 숨어 있다가 조국 재건에 나서라우. 부상병들은 치료해서 고향으로 보내주라우. 풀어 주라우. 해방조국에서 만나자우."

이는 6.25전쟁을 배경으로 한 영화 〈고지전〉의 초반부 장면이다. 나는 이영화에 등장하는 어떤 치열한 전투신보다 북한 장교의 멘트에서 가장 강렬한 느낌을 받았다. 마치 머리를 무거운 둔기로 얻어맞은 듯한 느낌이었다. 북한군 장교의 '어리바리들, 너희들이 와 전쟁에서 지는 줄 아나? 너들이 와도망치기 바쁜 줄 알아? 그건 와 싸우는 줄 모르기 때문이야!'라는 대사는영화를 보고 난 후 며칠이 지나도 그 잔상과 여운이 사라지지 않았다.

북한군 장교의 말이 역사적 사실인지 아닌지 또는 이 영화의 장면을 인용하는 것이 이념적으로 문제가 있는지 없는지 논쟁을 안 했으면 한다. 그저대사 자체가 주는 느낌과 메시지만을 온전하게 생각해보자. 북한군 장교는대의명문을 갖고 전쟁하는 자신들과는 달리, 자신의 목숨을 부지하기 위해혼비백산 도망치며 공포에 떨고 있는 남한군 병사들이 측은하고 찌질해 보였을 것이다.

북한군 장교가 왜 싸우는지도 모르고 도망가다 포로가 된 겁먹고 정신없는 얼빠진 남한군에게 훈계하듯 일침을 가하는 장면은 우리의 삶과 오버랩된다. 뭔가 열심히 하고 있지만 내가 지금 왜 여기 서 있는지 가고자 하는궁극적인 목적지는 어디인지 모른 채 쉽게 회의에 빠지는 모습처럼 느껴진다. 그래서 가슴을 후벼 파는 뜨끔한 충고로 다가온다.

개인이든 조직이든 무엇을 하든 어디에 있든 상관없다. 열심히 하지만 금방 회의에 빠지고 지속하지 못하고 쉽게 지친다면, 권태와 무기력이 감기처럼 느닷없이 찾아온다면 그리고 몰입과 행복을 경험하지 못하고 성과의 한계를 느끼고 있다면 다음의 질문을 자신에게 던져야 한다. "나는 혹은 우리는 왜 치열하게 일하고 노력하고 있는가?"

변화의 격동기 왜의 상실시대

"잊지 마세요. 우리는 햄버거 비즈니스를 하는 게 아닙니다.
우린 쇼 비즈니스를 합니다."

– 레이크록(Ray Kroc, 1902~1984)

"'무엇 때문에 사느냐?'고 물으면 정신 나갔다고 말하는 사람들이 많을 것입니다. 무엇 때문에 사느냐고? 사니까 사는 거지! 이렇게 대답하는 사람들이 많을 것입니다. 서울역을 가려고 한다고 물어보면 친절하게도 길을 가르쳐 주는 사람들이, 인생의 의미를 물으면 '정신 나간 사람'으로 취급합니다. 그런데 어떤 질문이 더 중요합니까?"

고故 김수환 추기경이 《참으로 사람답게 살기 위하여》에서 했던 말씀이다.[1] 우리의 폐부를 찌르면서 그동안 소홀히 하고 간과했던 핵심을 정확히 읽어낸다. 그는 본질에 대해 고민하고 생각하기보다는 행동을 강요하는 의미의 상실 시대를 살아가는 현재의 우리에게 잠시 멈추라고 강조한다. 그리고 '왜?'라는 질문을 통해 늦지만 천천히 그리고 우리의 내면의 목소리를 들으며 인생과 일의 의미를 고민해보라 한다.

최근에 그동안 평가절하되어 왔던 '왜'의 중요성에 대한 사회적 인식과 목소리가 달라지고 있다. 고려대학교 심리학과 허태균 교수는 융복합 시대를 살아가는 데 있어 우리가 안고 있는 문제는 '왜'에 대한 고민 없이 '무엇'과 '어떻게'에만 집착하기 때문이라고 말한다. 이런 부작용으로 우리의 생각이 필요가 아닌 기술에 창조가 아닌 발전에 묶여 있다는 것이다. 그리고 이런 현상을 다음과 같이 신랄하게 표현하였다.

"사람들은 자신이 왜 하는지도 모르면서 청소년기에는 공부하고, 80%가 대학에 가고 대부분이 취직하며, 폭탄주를 돌리고 시키는 대로 하면서 산다. 사춘기의 반항기를 지난 어른들은 '왜요?'라는 질문을 하지 않는다. 우리 사회는 결국 모든 것을 그냥 당연한 것으로 받아들이고 스스로 의문을 가지지 않는 본질적 오류Naturalistic Fallacy에 빠져 살고 있다."2)

허태균 교수는 이런 현상의 원인을 한국사회의 수직적 집단주의 문화의 폐해에서 찾는다. '왜'라는 질문을 던지는 것 자체가 금기시되거나 바람직하게 인식되지 않았다는 것이다. 충분히 공감할 수 있는 얘기이다. 하지만 그동안 한국사회가 6.25전쟁의 폐허를 극복하며 압축성장을 경험하는 과정에서 얻은 학습효과도 간과할 수 없다. 먹고 사는 문제가 제일 중요했기에 생존과 관련된 것이라면 무엇이든 해야 했다. 돈 되는 일과 기술을 먼저 찾아내어 행동으로 옮기는 속도가 성공의 요건이었다. 마치 영화 〈고지전〉의 한 장면처럼, 생존을 위해 치열한 전쟁에서 우리는 왜라는 질문을 던질 여

유도 이유도 생각하지 못했다.

요즈음 학생들은 아침부터 저녁까지 주말도 없이 종류도 다양한 학원으로 내몰린다. 대부분의 아이들이 다니고 있는 학원을 내 자식만 보내지 않겠다는 간 큰 부모가 되기는 쉽지 않다. 학원을 보낸다고 아이들의 실력이 좋아지는 것도 기대하기 힘들다. 그런데도 아이들은 자신이 왜 학원에 다녀야 하는지 깊이 생각하지 않고 부모의 강요에 떠밀려 남들보다 더 다양한 지식과 노하우를 배우기 위해 학원으로 향한다.

기업교육 현장에서도 이런 비슷한 현상을 발견할 수 있다. 기업은 구성원의 성장과 조직성과를 위해 직원들에게 많은 교육기회를 제공한다. 업무현장을 떠나 자신을 돌아보고 새로운 경험과 지식을 받아들일 수 있는 좋은 기회이다. 하지만 교육현장의 실제 분위기는 기대와 다르다. 일부를 제외한 대부분의 학습자들은 자신들이 왜 교육을 받아야 하는지 이유도 모른 채 수동적인 자세로 앉아있다. 물론 교육을 주관하는 부서와 관리자들도 교육의 목적을 생각하기보다 학습자의 반응과 만족에만 더 관심을 가진다.

우리는 지금까지 많은 영역에서 '왜'를 크게 고민하지 않아도 되었다. 결핍과 부족을 채우는데 왜는 크게 중요하지 않았다. 또 왜가 경쟁과 생존에 크게 영향을 미치지도 않았다. 하지만 지식과 정보, 다양한 해결책이 넘쳐나 더 이상 새로울 것이 없는 시대에는 다르다. 사이먼 사이넥의 《나는 왜 일을 하는가 Start With Why》[3]와 일본의 경영의 신 이나모리가즈오 회장의 《왜 일하는가》[4] 그리고 릭 워렌은 《목적이 이끄는 삶》[5]에서 일관되게 '왜'에 대해 지난하게 설명하고 강조하는지 귀를 기울여야 한다. 이제 우리는 인본주의적 가치와 결과, 감성과 영혼, 신념 그리고 대의명분이 키워드가 되고 있는 시대에 살고 있다. 더는 왜를 상실한 채 '무엇'과 '어떻게'의 노하우만으로는 탁월성과 지속성 그리고 의미를 만들 수 없다. 비록 조금 시간이 걸리고 돌아가더라도 보이지 않은 무엇, 즉 노와이에 관심을 가져야 한다.

"도대체 노와이란 무엇인가"

"나머지 인생을 설탕물이나 팔면서 보내고 싶습니까,
아니면 세상을 바꿔 놓을 기회를 갖고 싶습니까?"
- 스티브 잡스(Steve Jobs, 1955~2011)

노와이Know-Why의 사전적인 뜻은 '원리의 구명究明, 이유를 알고 있다'[6]이다. 노와이는 쉽게 말해 원인과 결과의 관계를 알아내고 파악하는 것을 말한다. 하지만 내가 정의하는 노와이는 '행동과 일뿐만 아니라 업에 대해 개인과 조직이 가진 특별한 목적Purpose과 동기Motivation'를 말한다. 노하우Know-How가 방법이나 요령, 기술, 비결, 비법이라면 노와이는 노하우를 만들어 내는 목적과 동기이며 노하우의 가치를 높이고 차별성을 부여하는 원동력이다.

예술을 활용한 기업혁신의 세계적인 권위자인 런던 예술대학교 혁신 인사이트 허브센터장 지오바니 쉬우마Schiuma 교수의 다음 얘기를 들어보자. 결국 노와이의 중요성을 강조하고 있다.

"기술적 측면이 중시되던 '노하우Know How'의 시대가 가고 '노필Know Feel'의 시대가 도래했다. 노필은 조직 구성원이 자기 일을 어떻게 느끼고 받아들이는가를 의미한다. 많은 직원이 자기 일을 단순히 의무라고 생각하고 수행한다. 그저 돈을 벌기 위해 하는 일에서 기쁨을 느낄 필요는 없다."[7]

쉬우마 교수가 말하는 노필의 개념은 표현이 다를 뿐 내가 창안한 노와이와 의미가 같다. 지금 세상을 움직이는 개인과 조직이 무엇을 중시하는지, 세상의 변화와 트렌드가 어떤 방향으로 흘러가고 있는지, 차별화를 위한 혁신의 원천이 무엇인지 관심을 두고 좀 더 깊게 고민해 본 사람이라면 상식적으로 받아들일 수 있는 얘기이다.

한 천재 소년과 기자가 나눈 인터뷰 내용을 들어보자.[8] 쉬우마 교수의 노필과 나의 노와이가 어린 소년을 통해 정확히 표현되는 것이 놀랍다. 기자는 어린 소년이 온종일 앉아 공부만 하는 모습이 신기해서 다음과 같이 질문했다.

기자 "하루 일과는 어떻게 진행되나요?"

소년 "병사에게는 하루 일과가 주어지지만 장군에게는 하루 일과라는 게 없죠. 그 대신 나라를 지켜야 한다는 무한 책임이 있잖아요. 학자에게도 마찬가지예요. 연구의 책임이 있을 뿐 특별히 주어진 시간표는 없습니다."

부모에게 응석이나 부리며 게임에 빠져 있을 어린 나이에 어떻게 저런 생각과 표현을 할 수 있을까? 어린 소년이 공부하는 자신을 연구하는 학자로서 인식하고 있다. 한마디로 노필Know Feel, 즉 노와이가 다르다. 만약 어떤 직장인이 이와 똑같은 질문을 받았다면 어떻게 대답했을까? 아마도 무엇을 하는지 주절주절 일정을 얘기하리라 예상된다. 하루를 병사의 마음이 아닌 장군의 마음으로 보내는 것이 무엇인지 생각해 보자. 모든 조직의 리더들이 구성원들에게 바라는 모습일 것이다.

기자는 어린 나이에 연구원에서의 생활이 어려울 거라 생각되는지 소년에게 다음 질문을 했다.

기자 "연구원에서의 생활이 어렵거나 불편한 점은 없나요?"

소년 "연구하는 학자에게 연구실만 있으면 되지, 불편은 내가 느껴야 할 부분이 아닌 것 같아요. 다만 엄마는 불편할 것 같아요. 쇼핑이나 여가활동을 자유롭게 못하시고 거의 제 옆에 계시니까 죄송스러워요."

보통의 학생들은 '학교가 시설이 안 좋네, 선생님이 실력이 없네' 하며 불평을 늘어놓는다. 또 직장인이라면 '복리후생이 안 좋네, 평가제도나 상사의 리더십이 문제네' 하며 투덜거린다. 필자도 직장생활 시절, 회사의 시스템이나 제도 그리고 상사의 리더십을 문제 삼으며 직장생활의 어려움을 얘기했던 기억이 있다. 자신이 맡은 역할의 목적에 충실하기보다 그 외적인 것들을 핑계 대며 안되는 이유를 찾기 십상이다.

기자 요즘 고민이 뭐예요?

소년 어렸을 때는 과학자가 꿈이었는데 요즘에는 그게 다가 아닐 수도 있다는 생각이 들어요. 논문을 쓰고 상을 받는다고 해서 인류에게 어떤 기여로 연결될 수 있는지 그게 고민이에요."

이 대화에는 소년이 왜 연구를 하는지에 대한 궁극적인 목적과 동기가 나타나 있다. 소년이 논문을 쓰고 상을 받는 것보다 더 중요하게 생각하는 것은 '인류 변화에 대한 기여'이다. 자신의 연구가 인류의 발전과 성장에 도움을 주어야 한다는 대의명분을 충족시켜 줄 수 있는지에 대해 고민하고 있는 모습이 느껴진다.

기자 관심이 있든 없든 사람들이 '천재 소년'이라 부르는 데요. 이에 대해 어떻게 생각해요?

소년 의사 선생님이라고 부를 때는 자신의 병을 고쳐주기 위함이고, 장군님이라고 부를 때는 나라를 구해달라는 의미를 내포한다고 생각해요. 천재 소년이라고 부르는 것도 부르는 이들이 미처 다하지 못한 공부를 대신 열심히 하라는 뜻이 담겨있다고 생각해요.

어린 소년의 대답에는 노와이의 핵심 개념들이 고스란히 담겨 있다. 첫째, 특별한 목적과 동기이다. 이 소년은 공부를 통해 세상을 변화시키겠다는 목적과 다른 사람들이 미처 다하지 못한 공부를 자신이 해야 한다는 사명감을 갖고 있다.

둘째, 자신의 일을 다른 언어로 표현한다. 이것은 정체성과 관련된다. 이 소년은 같은 또래의 보통 아이들과 달리 자신을 학자로 인식하고 자신이 하는 행위가 공부가 아닌 연구로 여긴다.

마지막으로 신념과 가치를 얼마나 중요하게 생각하느냐이다. 소년은 논문을 쓰고 상을 받는 것보다 연구 자체가 더 중요하다는 신념을 가지고 있다.

이 이야기의 주인공은 바로 천재 소년 '송유근'이다. 그의 말 한마디 한마디는 탄성을 자아내게 하고 자극을 준다. 이제 송유근은 성장하여 성인이 되었다. 한때 논문과 관련하여 논란의 중심에 서기도 했지만 여전히 어린 시절 그가 했던 얘기는 많은 생각을 하게 해준다. 그건 그가 단순히 천재라서가 아니라 생각의 성숙함과 공부에 대해 가진 특별한 목적과 동기 때문이다.

'특별한 목적과 동기는 마음 깊은 곳에서 강한 열정과 몰입을 불러오고 영감을 준다. 어떤 일을 하든 그 일의 본질과 영향을 깊이 인식할 때 역할과 책임을 다할 수 있다.'

나는 송유근을 통해 "천재성은 높은 목적과 동기로부터 나오는 몰입 그 자체이다."라는 생각을 한다.

데이비드 호킨스David Ramon Hawkins, 1927~2012 박사가 《의식혁명》[9]에서 말한 인간의 의식 수준의 단계는 노와이의 개념을 체계적으로 이해하는 데 많은 도움이 된다.

호킨스 박사는 인간의 의식 수준의 단계에 따라 비전이 소유Having - 성취 Doing - 존재Being의 순서로 발전해 나간다고 말한다. 가장 낮은 단계의 의식 수준에서는 '소유'의 욕망단계의 비전을 갖는다. 사람들이 더 좋은 고급 자동차와 평수가 더 넓은 아파트 그리고 탁월한 능력을 갖고 싶어 하는 단계이다. 최근 사람들의 가치와 소비는 소유에서 경험으로 이동하고 있다. 사람들은 자신의 시간과 비용을 들여 불편함을 감수하며 야외로 나가 캠핑하거나 위험을 감수하며 익스트림 스포츠에 빠지기도 한다. 과거에는 생존을 위해 했던 활동들이 이제는 즐거움과 재미의 대상으로 바뀌었다. 이런 시대적 변화로 인해 소유의 가치와 차별성이 과거에 비해 낮아지고 있다.

소유의 단계에서 의식수준이 높아지면 '성취Doing'의 단계로 변화한다. '최고가 되겠다, 1등이 되겠다, 누구를 뛰어넘겠다'와 같은 비전을 추구한다. 앞에서 언급한 '무엇'과 '어떻게'는 호킨스 박사의 의식수준의 단계로 보면 소유 또는 성취단계의 비전과 관련 있다. 성취의 단계에서 의식이 더욱 진화되면 어떠한 존재가 되고 싶다는 '존재Being'의 깨달음의 단계로 발전해 나간다. 즉, 눈에 보이는 물질세계에서 점차 보이지 않는 의식세계로 전환이 이루어진다.

노와이는 존재의 단계에 도달한 의식수준을 의미한다. 이 단계에 도달하면 소유와 성취의 단계와는 완전히 다른 차원의 의식과 행동을 갖게 된다. 다시 말해 정체성이 바뀐다. 천재 소년이 자신을 학생이 아닌 학자로서 인식하고 공부를 연구로 표현하는 것과 같다. 어떤 존재로서의 정체성과 가치를 중요하게 생각하면 경쟁과 갈등을 부추기는 소유와 성취의 영역에서 벗어나 더 많은 가치와 의미를 창출할 수 있는 영역으로 편입된다. 그리고 방법과 결과의 외연을 확장하고 차별성을 자연스럽게 갖게 된다.

만약 개인과 조직이 경쟁에서 계속 뒤처지거나 답보 상태에 머물러 새로운 모멘텀Momentum을 만들고 싶다면 역량과 노하우 이전에 정체성과 가치수준의 노와이를 재확인하고 점검해야 한다. 목적을 추구하는 존재로서의 가치와 신념이 바꿔야 행동도 변화된다.

"목적과 사실이 존재하는 이유 텔로스를 기억하라,,

"목적은 더욱 지속되는 것으로 우리 삶에 의미를 부여하는 어떤 것인 듯 싶다.
자신의 삶에서 목적을 가진 사람들은 모든 것을 훨씬 더 즐길 수 있을 것 같다."
- 스펜서 존슨

목적은 본질을 추구하는 것이다

오래 전 고대 그리스 철학자 아리스토텔레스는 '텔로스Telos를 잊지 마라' 라고 얘기하며 목적의 중요성을 강조했다. 텔로스는 '목적과 사실이 존재하는 이유'를 말한다. 재화는 그 재화가 갖는 본래의 존재 목적이 있다. 그리고 우리가 어떤 특정한 행동을 할 때 그 행동을 하는 이유와 그것을 통해 얻고자 하는 본질적인 결과가 있다. 의사가 의료행위를 하는 목적은 사람들이 건강하고 행복한 삶을 유지할 수 있도록 병을 치료하는 것이다. 만약 의사가 치료보다 경제적 이익에만 관심을 두게 된다면 어떤 행동을 하게 될까? 의사는 더 많은 이익을 남기기 위해 과잉진료를 하거나 비용을 절약하기 위해 일회용 의료기기를 재사용하는 등의 비도덕적인 행위를 아무런 죄의식 없이 할 수 있다. 자본주의에서 이익을 추구하는 행위는 당연하다. 하지만 그것이 사회적 통념이나 윤리적 잣대를 뛰어넘고 그 행위의 본래 목적과 수단이 바뀌면 안 된다.

환자들은 돈만 밝히는 의사를 선호하지 않을 것이다. 의사 자신도 마찬가지이다. 수익이 떨어지면 환자들의 병을 치료하는 일에서 더는 재미와 가치를 느낄 수 없을 것이다. 언론에 자주 등장하는 의료계와 관련된 부정적인 뉴스들은 왜곡된 목표를 추구하는 것과 연관이 있다.

근본적으로 목적은 그 대상이 존재하는 순간부터 함께 한다. 다만 목적의 내용과 종류는 다양하다. 그 이유는 사람마다 인식하는 것과 해석하는 방법이 다르기 때문이다. 결국 목적에 대한 인식과 해석의 차이, 그리고 목적의 존재가 행동과 결과의 차이를 만든다.

목적의 힘

목적을 갖고 있는 것과 그렇지 않은 것은 어떤 차이가 있을까? 다음과 같은 사례를 살펴보자. 학생들은 따뜻한 쿠키 접시를 제공받고 먹지 말도록 요구받는다. 학생들 중 절반은 유혹을 억제하는 능력을 측정하기 위한 것이라는 실험의 목적을 알려주고 참가에 대한 감사를 표시하며 효과적인 아이디어를 요청했다. 나머지 절반은 쿠키를 5분 동안 먹으면 안 된다고 명령만 주고 지시를 따르라고 했다. 실험에 참여한 학생 중 따뜻한 쿠키의 유혹에 넘어간 사람은 한 명도 없었다. 그리고 실험대상자들은 컴퓨터 앞에 앉아 1,000분의 500초 동안 반짝거리도록 프로그래밍 되어 있는 상태에서 6 다음에 4가 나오면 스페이스 바를 눌러야 했다. 첫 번째 실험그룹은 12분 동안 집중력을 유지했다. 하지만 자세한 설명도 듣지 못하고 지시만 받은 두 번째 그룹의 학생들의 성적은 엉망이었다. 스페이스 바를 누르는 것을 깜박하거나 피곤해서 집중하기 힘들다고 투덜거렸다.

이는 찰스 두히그의 《습관의 힘》에 소개된 올버니 대학교의 '마크 무레이븐의 실험'이다.[10] 이 실험이 우리에게 전하는 바는 분명하다. 사람들은 특별한 목적을 위해 기여하거나 누군가를 돕는다고 인지할 때 그 일이 덜 힘들게 느껴지고 더 높은 집중력과 자제력을 발휘하고 성과를 낼 수 있다.

실제로 딜로이트Deloitte의 보고는 목적을 추구하는 것이 조직의 성과에도 긍정적인 영향을 미친다고 말해준다. '목적을 최우선시하는 조직의 혁신수준은 30%, 핵심인재 유지율은 40% 더 높으며, 세분화된 시장에서 1, 2위를 다투는 위치를 점유하는 경향이 있다.'[11]

목적의 추구만큼이나 중요한 것은 목적의 수준과 질이다. 마셜골드스미스와 마크 라이터는 《트리거Triggers》에서 목적에 대해 다음과 같이 말했다. "우리는 목적이 가진 질이 동기에 미치는 영향을 쉽게 생각한다. 새해의 결심을 지키지 못하는 건 우리 목표가 거의 항상 미약한 동기로 추구하게 되는 미미한 일에 그치기 때문이다."[12]

고故 박영석 대장을 기억하는가? 그는 우리에게 목적이 가진 힘이 얼마나 위대한지 직접 실천해 보였다. 박 대장은 2005년, 세계 최초 산악그랜드 슬램(히말라야 8,000미터급 14좌 완등, 세계 7대륙 최고봉 등정, 남극점과 북극점 도달)을 달성하고 기네스북에 등재되어 도전과 탐험정신의 화신으로 불리는 진정한 탐험가이다. 그는 안타깝게도 2011년 10월, 안나푸르나 등반 중 영원히 산의 품에 잠들었다. 그는 세계 등반역사에 남을 대기록을 세운 것만으로 충분히 편안한 삶을 선택할 수 있었다. 예들 들어, 학교에 교수로 가거나 방송과 기업에 출강하여 자신의 도전과 무용담을 얘기하며 편하게 여생을 보낼 수도 있었을 것이다. 하지만 그는 주위의 모든 좋은 제안을 거절하고 또다시 극한의 위험을 무릅쓰며 인간의 한계를 넘나드는 도전을 계속했다.

도대체 박 대장은 왜 그런 선택을 했을까? 그건 그가 산악인으로서 갖고 있는 목적의식과 신념 때문이었다. 그는 정상을 정복하는 데 목적을 둔 등정주의(登頂主義, Peak Hunting: 정상 등정만을 최대의 목표로 하는 등산)가 아니라 등로주의(Mummerism : 등산의 목적을 등정에 두지 않고 등정에 이르는 과정에 두는 이념으로, 어려움을 극복해 나가는 과정을 목적으로 하는 등반양식)[13] 자였다. 이는 그가 인류 최초의 산악 그랜드슬램 달성이라는 위업을 달성하고도 만족하지 않은 이유다. 그는 남들이 가지 않는 길을 개척해 코리안 루트를 만들겠다는 더 높은 목적의식이 있었다. 결국 그것이 편안한 삶 대신 끝없는 도전과 탐험으로 그를 이끌었다.

이베이의 존 도나호 회장은 한 언론과의 인터뷰에서 직장과 가정생활의 조화와 성공을 위해 다음과 같이 조언했다. "어떤 산업, 어떤 회사에 근무하는가는 중요하지 않다. 스스로 의미 있는 일을 하고 있다고 느낄 때 성공 가능성을 높일 수 있다. 내가 열심히 일해 고객회사에 도움이 된다면 그것으로 만족이란 생각으로 근무했다."[14] 도나호 회장은 육체적으로 고된 업무의 연속이었던 20년간의 베인엔트컴퍼니 컨설턴트 시절을 위와 같은 생각으로 극복했다고 말한다. 우리는 더 큰 목적과 의미 그리고 가치의 일부가 될 때 더 높은 열정과 몰입과 도전정신을 발휘할 수 있다.

다니엘 핑크는《드라이브》에서 목적과 관련된 동기를 중요하게 다루었다.[15] 그는 동기를 불러오는 세 가지 요인을 자율성Autonomy, 숙련Mastery, 목적Purpose으로 봤다. 이 세 가지 동기요인이 동기3.0의 핵심 요소이다.

자율성은 선택권을 행사하며 행동하는 것을 의미한다. 사람들은 의지와 선택권을 완전히 행사할 때 높은 성과를 내고 강한 영향력을 발휘한다. 숙련은 중요한 무언가를 좀 더 잘하고 싶다는 욕망을 뜻한다. 목적은 자신을 뛰어넘는 큰 명분을 위해 자신의 욕망을 거는 것을 말한다. 자율적으로 숙련을 위해 노력하는 사람들은 높은 수준의 성과를 달성하지만 더 큰 목적을 위할 경우에는 그 이상을 이룰 수 있다. 다니엘 핑크는 다음과 같은 이유에서 목적동기의 중요성이 증가되고 있다고 주장한다.

① 고령화와 같은 인구통계학적 변화

② 자원봉사자의 증가

③ 목적극대화를 추구하는 비즈니스의 출현

④ 목적, 더 큰 선, 지속가능한, 우리와 같은 언어가 점점 더 중요해지는 사회적 변화

⑤ 수익극대화보다는 목적극대화를 추구하는 기업정책의 증가

동기3.0은 수익을 거부하지 않으면서도 목적 극대화를 똑같이 중요시 한다. 어떤 개인과 조직이 특정 영역에서 최고의 능력(숙련)에 상태에 도달하기 위해 자발적으로 노력(자율성)하는 수준을 넘어 더 큰 명분을 추구(목적)하는 것을 말한다. 우리는 개인의 이익과 성공만을 위해 노력할 때보다 더 큰 목적을 추구할 때 더 높은 수준의 에너지와 몰입, 행복을 느낄 수 있다.

마크 무레이븐의 실험과 고故 박영석 대장의 목숨을 건 코리안 루트 개척 그리고 이베이 도나호 회장의 경험담 모두 우리가 목적동기를 추구할 때 어떤 과정을 경험하고 어떤 결과를 얻을 수 있는지를 보여준다.

우리는 자신의 일이 에너지를 촉발하고 동기부여가 쉽게 되지 않을 때 그 일에 어떤 목적과 동기를 갖고 있는지 점검해야 한다. 조직의 리더들도 조직이 갖고 있는 목적이 구성원들의 에너지와 열정을 지속해서 이끌어 낼만큼 가치 있는지 먼저 생각해야 한다. 사람들이 어떤 것에 동기부여 되지 못하거나 그것을 포기하는 것은 힘들어서가 아니라 그 고난을 감당할 만큼의 의미와 가치가 없기 때문이다.

목적은 의미와 행복의 원천이다

빅터 프랭클은 제2차 세계대전 당시 유대인이라는 이유로 나치의 강제수용소에서 3년간 인간의 기본 욕구조차 충족하기 힘든 상황을 경험했다.[16] 그는 그런 지옥 같은 환경에서 자신과 동료 수감자들이 생존 이상의 의미를 추구했던 예를 들어 '인간의 주된 관심사는 궁극적으로 의미를 찾는 데 있다'고 말한다. 그와 동료 수감자들이 아우슈비츠 같은 수용소에서 삶의 의미를 추구했다면, 우리도 그 어느 곳에서든 무엇을 하든 의미를 추구할 수 있다고 말한다. 그렇다면 의미를 추구하는 데 필요한 것은 무엇인가? 〈뉴욕타임스〉 최고의 베스트셀러로 선정됐던 스펜서 존슨 박사의 《성공》에서 의미를 추구하기 위해서는 무엇이 필요한지 분명히 말해준다.

"목적은 더욱 지속되는 것으로 우리 삶에 의미를 부여하는 어떤 것인 듯싶다. 자신의 삶에서 목적을 가진 사람들은 모든 것을 훨씬 더 즐길 수 있을 것 같다."[17] 스펜서 존슨은 성공한 사람들은 목적이 있다고 강조한다. 목적은 원하는 것을 얻기 위해 어려움을 극복하며 그 과정 자체를 즐길 수 있는 의미를 부여하기 때문이다.

나는 지난 몇 년 동안 노와이에 대한 글을 쓰기 위해 자료를 수집하고 끊임없이 고민을 해왔다. 때론 내가 이 글을 쓸 자격이 있는지에 대해 회의를 느끼기도 하고 중단과 포기의 유혹에 빠지기도 했다. 하지만 '노와이'라는 키워드를 세상에 전파하여 개인과 조직이 일에서 더 많은 행복과 몰입을 경험하며 성과를 내고 인본주의적 가치 실현에 참여시켜야 한다는 강한 목적의식이 있었다. 그것이 내 능력의 한계를 극복하며 이 힘든 작업을 계속하게 해주었고, 내가 글을 쓰는 목적이 글을 계속 써야 하는 의미와 동기를 제공했다.

목적이 의미를 만든다면 긍정심리학의 대가 마틴 셀리그만Martin E. P. Seligman의 말처럼 의미는 행복을 준다. "인간이 어쩔 수 없이 추구할 수밖에 없는 세 번째 형태의 행복이 있는데, 이는 의미추구이다. 자신의 가장 큰 강점이 무엇이며, 자신보다 큰 무엇인가를 위해 이를 전개하는 것이다."

몇 해 전 삼성경제연구소의 직장인 행복도에 관한 조사는 셀리그만의 주장을 뒷받침해준다. 삼성경제연구소는 직장인 849명을 대상으로 직장에서의 마음상태, 업무, 인간관계 측면에서 행복한 직장인과 불행한 직장인과 어떤 차이가 나는지 특징을 비교하였다. [18]

조사결과, 행복한 직장인들의 마음상태는 불행한 직장인들에 비해 자주 웃고 즐거움을 느끼며 부정적 감성이 낮고 에너지 수준이 높았다. 더불어 행복한 직장인은 인간관계가 넓고 사람들과 좋은 관계를 유지하는 것으로 나타났다. 특히 이 조사결과에서 행복한 직장인들은 자신의 업무가 의미 있다고 생각하는 경향이 뚜렷했다. 행복한 직장인의 업무 의미감은 82점(불행한 직장인 54점)으로 조사항목 중 매우 높은 수준이었다. 삼성경제연구소는 이 연구결과를 기반으로 직장인들이 행복감을 높이기 위해 마음의 건강, 의미와 성장, 지원적 관계를 위한 6대 실천방안을 제시했다.

① 의식적으로 긍정 감성을 유지한다.

② 에너지가 고갈되지 않도록 관리한다.

③ 지금 하고 있는 일의 의미를 되새긴다.

④ 자신의 강점이 무엇인지 파악하고 개발한다.

⑤ 타인에게 행복을 전파한다.

⑥ 도움을 주고받는 인간관계를 확장한다.

특히 의미와 성장은 지금 하는 있는 일의 의미를 재인식하는 데서 찾을 수 있다. 구체적으로 말하면 주어진 업무를 그대로 받아들이는 것이 아니라 능동적으로 자신의 업무를 재설계하고 일의 의미를 부여하며 소명의식을 갖는 것을 뜻한다. 출근해서 하는 일이 세상을 좀 더 좋은 곳으로 변화하게 하고 타인에게 이로운 도움을 준다고 생각하는 사람들이 행복감과 몰입도가 높은 것은 당연하다.

우리는 아무리 힘든 일이라도 자신이 더 큰 목적과 쓰임에 기여한다고 생각하면 더 많은 행복을 느끼고 어려움을 감내하며 열정을 발휘하고 동기부여가 된다. 많은 어머니들이 아이를 세상에 태어나게 하려고 엄청난 고통과 두려움을 감당하는 이유는 그것이 위대하고 소중한 일이기 때문이다. 조지 버나드 쇼도 위대한 목적의 중요성을 다음과 같이 말했다.

"이것이 삶의 진정한 기쁨이다. 위대한 목적이라고 여겨지는 것을 위해 사용되어지는 것. 세상이 우리를 행복하게 해주지 않는다고 불평하는 이기적인 아픔과 슬픔의 덩어리보다 자연스러운 힘이 되는 것이다."

자신의 가슴을 뛰게 하고 다른 사람들의 마음을 움직이고 영감을 주며 더 높은 수준의 욕구를 향해 움직이도록 만드는 의미 있는 목적, 그 일의 본질을 극대화하고 가치 있게 만들 수 있는 목적이 필요하다. 그러나 그 목적의 추구는 다니엘 핑크가 《드라이브》에서 말한 것처럼, 다른 이들로부터 인정받으려고 발버둥 칠 때보다 자신의 목소리에 귀 기울일 때 그리고 자신에게 중요한 무언가를 하고, 그 무언가를 잘하며, 또 대의를 위해 노력할 때 자신의 삶에서 가장 풍요로운 경험을 할 수 있게 된다.[19]

"남다른 목적과 의미 그리고 혁신의 원천 노와이"

"요리는 내게 음악, 춤, 도자기, 원예처럼 예술적 표현 방법의 하나다.
사람과 멋진 만남을 가능하게 하는
교류의 수단이자 사람을 행복하게 만드는 도구다."

- 피에로 가니에르(Pierre Gagnaire, 셰프)

과거 한때는 무엇이든 처음 시작하고 만들기만 해도 더 쉽게 오랫 동안 독점적 지위를 누릴 수 있는 시절이 있었다. 하지만 정보통신과 기술의 발달은 그 패러다임을 바꾸어 우리는 어제의 1등이 오늘 2등이 되는 급격한 변화의 속도를 느끼며 살고 있다. 치열한 경쟁과 공급이 수요를 뛰어넘는 시장 환경 그리고 전례 없는 물질적 풍요를 경험하고 있는 소비자가 맞물려 새로운 변곡점을 만들어 간다. 기업은 경쟁에서 이기고 고객의 선택을 받기 위해 차별화를 위해 더 많은 노력을 해야 한다.

문영미 교수는 《디퍼런트》에서 차별화는 전술이 아닌 새로운 생각의 틀이라고 말했다.[20] 새로운 생각의 틀은 새로운 눈으로 세상을 바라보고 사람들을 이해하며 그들의 생각과 행동을 인정하는 태도를 말한다. 문 교수가 차별화를 위해 기술적 차원의 혁신이 아닌 개념적인 차원의 혁신이 필요하다고 주장하는 이유이다. 문 교수가 정의하는 혁신은 기존의 것에 새로운 것을 추가하거나 증분하는 것이 아니다. 오히려 제거와 분열 그리고 변형을 의미한다. 그런 측면에서 문 교수의 차별화를 위한 혁신에 대한 접근은 노와이의 개념과 많은 부분에서 일치한다. 노와이는 현재의 평범한 대상에 새롭고 특별한 목적과 동기(개념적 차원의 혁신)를 갖고 다른 언어를 사용(변형)하여 표현하며 가치를 중시하는 것을 의미하기 때문이다.

알랭 드 보통은 《뉴스의 시대》에서 '우리의 무관심과 냉담함을 거두도록 하는 데 본질적인 것은 작고 눈에 띄지 않는 것, 다른 사람들이 놓치고 지나간 하찮은 것들'이라고 말했다.[21] 그렇게 평범하고 일상적인 것에 주목하는 사람들을 예술가라고 말한다. 예술가들은 일반 사람들이 평범해서 당연하게 생각하고 관심도 두지 않는 것에서 숨겨져 있는 아름다움과 가치를 발견하여 예술의 혼과 옷을 입히는 능력이 있다. 예술가들은 평범함을 특별한 것으로 만드는 영혼의 눈을 가진 이들이다.

지금 시대에 필요로 하는 가장 중요한 능력은 평범해서 아무도 관심을 갖지 않고 중요하지 않게 생각하는 것을 다르고 새로운 관점에서 바라보는 것이다. '어떻게 저런 일반적이고 평범한 것을 가지고 이런 것을 생각해 낼 수 있을까?' 하는 의외의 놀라움과 탄성을 자아내게 하는 능력 말이다. 평범함이야말로 혁신과 차별화를 만들어 내는 원천이며 잠재력이다.

미치 코언Cohen의 프라이스워하우스쿠퍼스PwC 부회장은 2012년 미국 경제 전문지 〈포브스〉가 선정한 억만장자들 가운데 자수성가한 120명을 대상으로 조사한 결과, 일반적인 창업의 핵심 성공 요인과 달랐다는 것을 발견할 수 있었다. [22] 일반적으로 성공은 기술 산업 비즈니스 분야에서 차별화된 기술력으로 이룬다는 통념을 갖고 있다. 하지만 조사한 억만장자들은 80%가 자산관리, 소비재 같은 레드오션에서 막대한 부를 창출했다.

이 조사 결과는 '뛰어난 성취는 남들이 하지 않는 특별한 영역에서 특별한 일을 하는 사람들에게서 나오는 것이 아니라 평범한 것에서 남들이 보지 못하는 기회와 가치를 발견하고 더 치열하게 부딪히며 차이를 만들어 내는 사람들의 몫'이라는 사실을 뒷받침한다.

자판기 운영자 유계승 사장의 사례가 우리에게 더 강렬한 느낌으로 다가오는 것은 바로 평범함이 만들어내는 가치 때문이다. 어느 누가 자판기를 운영하면서 세상과 교감한다고 말하고 자판기 커피를 바리스타의 마음과 정성으로 만들겠는가? 그리고 이용자들에게 감사편지를 받는 자판기 운영자가 어디에 있겠는가? 이 모든 것들을 가능하게 한 것은 유 사장이 자판기 운영에 갖고 있는 '노와이'였다. 다음에 소개하는 이들은 모두 일반적인 분야에서 고차원적인 목적을 추구하고, 개념적 차원의 혁신을 통해 자신의 일에서 독보적인 지위를 차지한 혁신가들이다.

커피의 본질은 소통이다

바리스타는 즉석에서 커피를 전문적으로 만들어 주는 사람을 말한다. 그런 그들은 자신의 직업을 어떻게 생각하고 어떤 의미를 부여할까? 또 그들은 자신들이 다루는 커피를 어떤 대상으로 생각할까? 2003년, 세계바리스타챔피언십WBC에서 25세의 나이로 우승을 차지하면서 세계적인 바리스타에 이름을 올린 폴 바셋은 자신이 하는 일의 목적과 커피가 갖고 있는 의미를 다음과 같이 표현한다.[23]

"커피의 본질은 소통이다. 사람들이 모이는 곳엔 커피가 있고 대화가 시작된다. 농장에서 커피를 따는 노동자들로부터 첫 데이트에 나선 젊은 남녀

폴바셋매장(대구 신세계 백화점 2호점)

나 느긋한 오후를 보내는 어느 노부부까지 수많은 사람의 삶이 녹아 있다. 커피는 사람들을 연결해주고 소통하게 한다."

사람들은 실제로 많은 사람들을 만나 커피를 마시며 소통하고 관계를 만들어 간다. 때론 커피 한 잔으로 피로를 극복하기도 하고 중요한 순간의 긴장과 어려움을 극복한다. 더 나아가 커피 한 잔을 마시며 잠깐의 여유와 행복을 느낀다. 결국 커피와 관련된 모든 일에 종사하는 사람들은 타인의 삶에 크든 작든 긍정적인 영향력을 미친다. 다만 그것은 커피를 다루는 사람이 그것을 인식하느냐의 문제일 뿐이다.

요리는 예술적 표현의 방법의 하나이다

요리계의 피카소로 불리며 명성을 날리고 있는 피에로 가니에르Pierre Gagnaire는 혁신적이고 독창적인 요리로 전 세계 미식가들에게 사랑받는 스타 셰프이다.[24] 20년 이상 미슐랭 가이드 별 세 개를 받고 있으니 프랑스 요리의 지존으로 불리는 것이 당연하다. 독특하게 그의 주방은 실험실이라 불린다. 그 이유는 전자 현미경으로 식재료의 조직과 질감을 관찰하고, 재료와 성분을 과학적으로 분석하며 최상의 온도와 다른 재료와의 조화를 추구하는 분자 요리를 주방에서 진행하기 때문이다.

피에르 가니에르가 왜 미식가들의 숭배를 받고 있으며 다른 셰프들이 하

피에르 가르니에 요리   피에르 가르니에 서울

지 않는 독특한 방식과 과정을 통한 요리 세계를 추구하는지에 대한 답은 그가 요리를 어떻게 바라보고 표현하는가를 들어보면 이해할 수 있다.

"요리는 내게 음악, 춤, 도자기, 원예처럼 예술적 표현 방법의 하나다. 사람과 멋진 만남을 할 수 있는 교류의 수단이자 사람을 행복하게 만드는 도구다. 누구에게 요리란 단지 먹는 것에 지나지 않겠지만 내겐 요리가 삶을 지탱하는 원천이며 행복의 근원이다. 요리를 통해 사람들을 놀라게 하고 만족하게 하는 게 내일이다."

피에르 가니에르의 명성과 성공 뒤에는 혁신적이고 창의적인 요리의 노하우만큼이나 요리에 대한 남다른 목적과 의미 그리고 관점이 있다.

디저트는 감동이고 즐거움이다

"디저트는 남을 소중하게 생각하고 배려하는 마음으로 만들어야 한다.

먹는 사람을 섬기는 정신이 들어가지 않으면 아무리 설탕을 써도 감동을 줄 수가 없다. 기술을 배울 때는 여기서 됐다고 생각하지 마라. 단맛은 하나라고 생각하지만 오히려 끝이 없다."

23세의 최연소 나이로 일본 최고의 양과자 기술 경연대회에서 우승한 후 프랑스 과자 콩쿠르 등 각종 양과자 대회를 차례로 석권한 몽상클레르Mont St. Clair의 오너셰프 일본 제과 장인 쓰지구치 히로노부의 말이다.[25] 쓰지구치가 만든 케이크는 예술 작품으로 불린다. 그의 일대기가 일본 NHK의 드라마로 제작되었을 정도니 그의 명성과 실력이 어느 정도인지 알 수 있다. 쓰지구치의 아버지는 고등학교 졸업 후 제과 기술을 배우기 위해 도쿄로 가는 그에게 이런 얘기를 했다.

"디저트를 만드는 사람을 관찰하면서 그의 감정을 느껴라. 그 감정을 네 것으로 만들어라. 디저트는 밥이나 빵이 아니다. 감정을 전해야 한다."

몽상클레르는 디저트 애호가들에게 마치 성지와 같다. 그런 쓰지구치의 명성 뒤에는 '식품의 안전'이라는 그의 남다른 신념이 있다. 그는 '누구나 안심하고 먹을 수 있는 먹을거리는 가장 기초인 식자재부터 달라야 한다'는 철학을 갖고 있다. 그는 100% 무농약 식재료를 사용할 만큼 식재료 선정에 엄격한 기준을 적용한다. 그는 항상 웃는 얼굴로도 유명하다. "내가 만드는 것이 디저트이다 보니 웃어야만 한다. 디저트는 감동이고 즐거움인데 괴로운 마음으로 만든 디저트가 먹는 사람을 즐겁게 할 수 있겠는가."

쓰지구치는 디저트가 단순한 먹을거리가 아니라 사람들의 특별한 순간,

감동과 따뜻함을 원할 때 함께 하는 것으로 생각한다. 그가 디저트에 부여한 남다른 의미와 그가 디저트를 만드는 이유에서 그의 천재성을 발견할 수 있다.

바리스타와 셰프는 우리 주변에서 흔히 볼 수 있는 직업이다. 그렇다면 폴 바셋, 피에르 가니에르, 쓰지구치의 공통점은 무엇인가? 무엇이 이들을 자신의 분야에서 특별한 존재로 만들었을까?

당연히 전문성이다. 이 세 사람은 다른 사람들이 갖고 있지 못한 그들만의 차별화된 기술과 노하우를 갖고 있는 전문가이다. 전문가들은 근본 문제를 설정하고 발전적으로 문제를 해결한다. 근본 문제란 어떤 분야의 궁극적인 목표로서 전문성을 계속 발전시킬 수 있는 문제를 말한다.[26]

예를 들어 '맛있는 요리'는 일반적인 개념이라면 '건강을 위한 요리'는 근본적인 문제이다. 발전적 문제 해결은 학습과 숙련 과정을 통해 생긴 내적 자원의 여분을 재투자하여 근본 문제를 파악하고 그에 대해 다면적으로 접근하는 방식을 말한다.

하지만 이 세 사람은 자기 일에 고차원적인 목적과 동기가 있다는 더 중요한 공통점이 있다. 문영미 교수의 표현을 빌리자면 이들은 개념적 차원의 혁신을 추구하는 사람들이다.

'커피는 소통, 요리는 예술적 표현, 디저트는 감동과 즐거움'

얼마나 창의적이고 영감을 주는 목적과 의미들인가?

몽상클레르 디저트

우리는 겉으로 드러난 개인과 조직의 행동과 능력만을 이해하거나 평가해서는 안 된다. 그 행동과 능력을 가능하게 만든 의식세계를 바라봐야 한다. 결국 행동과 능력의 차이는 의식의 차이이다. 지금부터 설명하는 신경논리적 수준은 행동과 능력의 차이의 본질을 이해하는 데 도움을 주는 좋은 프레임이 될 것이다.

나는 왜 여기 있는가?
나의 목표는 무엇인가?

"사명감이 있어야 한다. 우리는 사람들에게 꿈을 주는 특별한 사람들이다."

- 고두심(탤런트, 영화배우)

2차 세계대전 당시, 독일의 공습으로 크게 손상된 하원의사당을 새로 짓자는 토론이 한창일 때 윈스턴 처칠은 공간을 넓게 해서 크게 짓는 것을 반대했다.[27] 처칠은 의원들이 얼굴을 맞대고 토론하는 민주적 과정을 유지하기 위해서라도 하원의사당은 적당한 크기로 지어야 한다고 주장했다. 그때 처칠은 그 이유로 '사람이 집을 만들지만, 그 집이 사람을 만든다'라고 말했다.

우리는 건축물의 내부구조나 양식에 의해 살아가는 방식에 많은 영향을 받는다. 단독주택에 사는 사람과 공동주택에 사는 사람은 완전히 다른 라이프스타일을 갖는다. 스티브 잡스는 생전에 애플 사옥을 비행접시 모양으로 설계했다. 그는 그 구조가 직원들 간의 다양한 교류와 소통을 할 수 있는 동선을 만들어 더 많은 시너지와 창의성을 끌어 낼 수 있다고 생각했다.

사람의 행동에 영향을 미치는 또 다른 중요한 요소는 그 사람이 갖고 있는 의식의 프레임이다. 의식의 프레임은 한 개인의 경험과 학습에 의해 결정된다. 그리고 그것이 오랫동안 반복되고 자동화되면 습관이 되고 개인의 문화가 된다.

나는 우연히 신경언어프로그램NLP: Neuro Language Program을 학습하면서 노와이의 개념을 좀 더 체계적으로 설명할 수 있는 모형을 발견하는 행운을 얻었다. 세계적인 NLP의 대가 로버츠 딜츠Robert Dilts가 만든 신경논리적 수준Neurological Level(통일장 모형이라고도 부른다)이다.[28] 신경논리적 수준은 맥락을 파악하고, 관계와 학습의 수준, 지각적인 수준을 모두 결합하여 개인의 변화, 학습, 커뮤니케이션에 대하여 점검하고 생각할 수 있도록 한다. 이모형은 우리가 바람직한 변화를 위해 어디에서부터 개입해야 되는지를 결정하는 데 도움을 준다. 지각의 수준은 가장 깊은 단계인 영성에서부터 정체성, 신념, 능력, 행동, 환경으로 구성된다.

영성Spirituality은 우리 행동의 가장 심층수준에 해당하는 것으로 나를 넘어 가족, 직장, 사회, 국가 세계 우주를 위해 무엇을 할 것인가와 관련된다. '나는 왜 여기 있는가? 나의 목표는 무엇인가?'와 같은 질문과 관련이 있다.

정체성Identity은 자기 자신을 의식하는 수준으로써 자신에 대한 느낌, 핵심가치, 인생의 사명감을 말한다.

신념Beliefs은 개인이 진실이라고 믿는 것을 근거로 일상의 행동이 이루어지는 것을 말한다. 신념은 우리에게 어떤 행동을 하게 만들기도 하지만 제

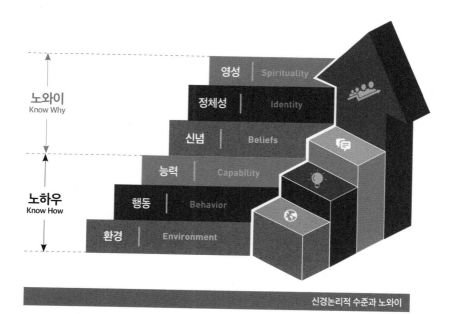

신경논리적 수준과 노와이

한하는 역할도 한다.

능력Capability은 우리가 사용하는 지식과 기술 및 전략을 말한다. 개인이 가지고 있는 자원을 인식하는 수준이다.

행동Behavior은 행하는 특정한 행동을 말한다.

환경Environment은 우리 주변의 환경, 만나는 사람을 포함한다.

신경논리적 수준을 좀 더 이해하기 쉽게 설명하기 위해 식당의 예를 들어보자. 여러 식당이 모여 있는 상가에서 유난히 매출이 높은 식당이 있다고 가정해보자. 동일한 상권이므로 환경 수준에서는 큰 차이가 없다. 그렇다면 두 번째 수준인 '행동'을 봐야 한다. 분명히 잘 되는 매장의 주인은 그렇지 않은 매장의 주인과는 다른 행동을 한다. 세 번째는 '능력' 수준이다. 좋은 결과를 만들어낼 수 있는 행동은 지식이나 기술과 같은 차원 높은 능력이 뒷받침 되어야 한다. 능력의 수준이 높아져야 행동의 수준이 달라질 수 있다.

네 번째는 '신념' 수준이다. 신념은 자신이 '무엇을 할 수 있는지 없는지' '무엇이 중요한지 그렇지 않은지'에 대한 믿음이다. 신념은 능력과 행동 차원에 많은 영향을 준다. 노력해도 안 된다는 신념을 가진 사람은 능력을 개발하지 않을 뿐만 아니라 행동의 변화도 일으킬 수 없다.

마지막으로 '정체성'의 수준이다. 식당을 운영하는 주인이 자신을 어떻게 인식하고 있는가이다. 식당 주인이 자신을 단순히 먹고 살기 위해 식당을 하는 사람이라고 인식하는 것과 고객에게 음식을 통해 기쁨과 건강을 제공해 주는 사람이라고 인식하는 것은 분명히 다를 것이다. 그 인식의 차이가 신념과 행동, 능력의 엄청난 차이를 만든다.

탤런트 고두심이 한 일간지의 인터뷰에서 한 얘기는 신경의식 수준의 차이가 개인의 직업에 어떻게 영향을 미치는지 잘 보여준다.[29]

"사명감이 있어야 한다. 우리는 사람들에게 꿈을 주는 특별한 사람들이다. 남의 심장을 고동치게 해야 하는데 그게 대충 노력해서 되는 일이 아니다. 철저히 준비하고 무장하고 또 무장해야 한다. 연기 이전에 내 삶이 반듯하게 서 있고 당당하게 서 있어야 사람들 마음을 움직일 수 있다."

고두심은 자신을 그저 연기하는 사람이 아니라 사람들에게 꿈을 주는 사람으로 생각하고 있다. 그녀의 직업 정체성은 보통의 연기자와는 다르다. 단순히 돈을 벌기 위해 연기하는 사람도 그저 인정받기 위해 연기하는 사람도 아니라 누군가에게 꿈을 갖도록 영감을 주고 동기 부여하는 사람이다. 그래서 그녀는 다른 사람의 심장을 뛰게 하고 마음을 움직이려면 열심히 노력할 뿐만 아니라 자기의 삶을 반듯하게 이끌어야 한다는 신념을 갖고 있다. 최고의 연기를 보여주며 연기대상 5회 수상이라는 탁월한 성취를 이룬 것은 그녀가 가진 정체성과 신념이 있었기에 가능했다.

한국 프로야구 역사에 유일한 4할 타자인 백인천은 자신이 이룬 위대한 기록의 원천을 다음과 같이 말한다.[30]

"4할은 기량, 기술의 문제가 아니다. 실력 외에 야구에 집념, 사명감이 있어야 한다. 4할은 마음 자세의 문제다. 당시 나는 중독자였다. 내 생각과 생활은 오직 야구뿐이었다. 가장 중요한 건 중독이 수준이 달랐다는 것이다. 장효조, 이종범은 소질만 보면 나보다 낫다. 그런데도 그들이 4할을 못 친 건 중독이 안 되었기 때문이다. 중독까지 못 갔다는 건 아마 자신들이 가장 잘 알았을 것이다. 자기 일에 사명감을 갖고 중독된다는 것은 그일 자체가 자신이어야 한다. 그 정도 되어야 일을 예술의 경지로 끌어 올릴 수 있다."

백인천의 말처럼 중요한 것은 기량, 기술 즉 노하우의 문제가 아니다. 그런 것을 가능하게 만든 집념, 사명감이다. '그일 자체가 자신이어야 한다'는 말에 많은 의미가 담겨 있다. 이것을 내재화라고 한다. 자아개념의 일부가 되는 것이다. 한 분야에서 탁월성을 발휘하며 인정받는 사람들의 공통점이기도 하다. 신경논리적 수준에서 모든 변화와 차이는 상위수준에 있는 영성, 정체성, 신념의 변화와 관련된다. 이 세 가지가 노와이의 핵심이다. 우리가 노하우라고 부르는 것들은 능력과 행동 그리고 환경의 수준과 관련된다.

앞에서 소개했던 천재 소년 송유근, 피에르 가니에르, 폴 바셋, 쓰지구치는 자신들의 일을 다른 언어를 사용하여 표현했다. 그들은 누구나 하고 있는 평범한 일을 천재라는 평을 들으며 예술의 영역으로 승화시켰다. 노와이는 개인과 조직이 일에 대해 가진 목적과 동기를 말한다. 높은 수준의 목적과 동기는 영성과 정체성, 신념과 관련된다. 결론적으로 누구나 노와이를 갖고 추구한다면 더 높은 수준의 변화와 차별성을 만들어 강한 영향력을 발휘할 수 있다.

"이제 노와이 3.0을 지향하라"

"나는 내가 개발한 기술이 사람들을 이롭게 할 수 있다는 생각에 일이 너무 즐겁다.
'왜 일을 하느냐'고 물으면 많은 사람이 돈을 벌기 위해서라고 한다.
돈을 위한 것이라고 하면 일이 재미있을까?
내 꿈은 '인간을 이롭게 하는 로봇을 만드는 것'이다.
시각장애인용 자동차도 이러한 이상을 추구하는 과정에서 나온 것이다."
- 홍원서(Dennis Hong) 캘리포니아 대학교 로스앤젤레스 캠퍼스 교수

견공1 야, 너 집 나왔지? 딱 보니까 그런 것 같네. 그러게 집이 좋은 거야.

견공2 아, 싫어요! 우리 주인 아주 거짓말쟁이예요. 아니 회사 갔다 오면 이놈의 회사 더러워서 때려치워야지 하더니 그러면 이제 나랑 놀아주겠지 생각하면 다음 날 회사가고 다시 돌아와서 이놈의 회사 더러워서 때려치워야지 해서 그럼 나랑 놀아주겠지 하면 다시 회사가고. 이런 거짓말쟁이가 어디 있어요?

견공1 하하하, 얘가 세상을 잘 모르네. 너 왜 사람들이 더럽고 치사해 하면서 그다음 날 출근하는지 알아?

견공2 몰라요!

견공1 너 사람들이 이런 거 시키지? 차렷 앉아 일어서 앉아 일어서 이거 물어와, 일어서 엎드려 앉아 일어서 손 힘들지? 근데 왜 해?

견공2 밥 주니까요?

견공1 바로 그거야! 먹고살려고 그러는 거야. 다 먹고 살려고 그러는 거지.

이는 TV 코미디 프로그램의 한 장면이다. 집 나온 견공들의 대화지만 그 속에 가슴 한구석을 찌르는 날카로운 해학과 메시지가 담겨 있다. '다 먹고 살려고 그러는 거지.' 어디서 많이 듣던 얘기다. 사람들이 푸념하듯 입버릇처럼 내뱉는 말이다. 특히 직장생활 시절, 술자리에서 많이 하고 들었던 말이다. 만물의 영장인 인간이 개와 비슷한 수준의 얘기를 하다니 페이소스 Pathos가 느껴진다. "다 먹고 살려고 하는 거지!" 농담 삼아라도 이 말을 한 번씩은 해보지 않았을까 생각된다. 물론 먹고 사는 문제는 가장 중요한 기본적인 욕구이다. 하지만 왜 하필이면 먹고 살기 위해 현재의 일과 비즈니스를 하고 있는지에 대해 질문받으면 답하기는 쉽지 않다. 분명한 사실은 우리는 단지 먹고 살려고만 일하지 않는다는 것이다.

벨라Bellah와 동료학자들의 연구결과, 사람들은 일에서 의미를 찾는 주관적인 관점에 따라 직업Jobs, 경력Careers, 소명Calling의 세 가지로 구분한다.[31] 일을 직업Jobs이라고 생각하는 이들은 일이 주는 금전적 보상 때문에 일을 하며 자기 일이 아닌 다른 것에서 열정과 재미를 추구한다. 일은 그 자체가 목적이 아니라 개인이 직업에서 벗어나 자기 시간을 즐기기 위한 자원을 획득하는 수단이다.

일을 경력Career으로 보는 개인은 자기 일에 더 많은 시간을 투자하고 자기계발에 힘쓴다. 직업 내에서의 승진과 사회적 지위의 향상, 권력의 획득이 자존감을 더 높여준다.

마지막으로 자기 일을 소명Calling으로 생각하는 사람은 금전적 이익이나 경력개발보다는 그 일 자체를 통해 기쁨과 성취감을 얻는다. 소명을 갖고 있는 사람들은 일이 자신의 정체성과 연결되어 있으며 일이 곧 자신이라는 생각을 더 많이 한다.

아브제스니예프스키Wrzesniewski는 '소명이란 개인적인 의미가 아닌 사회적 의미가 있어야 하고 더 큰 선Goodness에 기여하며 세상을 더 나은 곳으로 만든다는 믿음과 관련된 것'으로 정의했다.[32] 예를 들어, 소명의 관점을 가진 초등학교 교사는 학생들의 꿈을 이룰 수 있도록 도움을 주고 국가 사회에 기여할 수 있는 훌륭한 인재를 양성한다고 생각한다.

존 고든의 책《에너지 버스》에 소개된 미국 대통령 린든 존슨과 청소부와의 일화는 일에 대한 주관적 관점이 무엇인지 잘 이해할 수 있는 사례이다.[33] 린든 존슨 대통령이 처음으로 미 항공우주국NASA을 방문하여 우연히 복도를 지나다 흥얼거리며 신 나게 일하는 청소부를 보고 격려하기 위해 다음과 같이 말했다.

"당신은 내가 지금까지 만난 청소부 중 최고의 청소부인 것 같습니다. 정말 열심히 일하시는군요."

그런데 이 얘기를 들은 청소부가 예상하지 못한 대답을 했다. "나는 일개 청소부가 아니라 인간을 달에 보내는 일을 돕고 있습니다."

NASA의 청소부에게 청소는 단순한 노동이 아니다. 그는 우주를 탐험하고 인류의 역사를 새롭게 쓰는 NASA의 존재 이유, 즉 미션을 달성하는 데 기여한다는 소명이 있다. 그는 자기 일과 삶에 대해 더 많은 만족과 행복을 느낄 것이다.

실제 연구결과 자기 일에 대해 직업, 경력, 소명의 다른 관점을 갖는 것이 개인의 행동과 태도, 결과에 차이가 있다는 것이 밝혀졌다.[34] 소명을 가진 사람들은 일을 직업으로 여기고 경력을 지향하는 이들에 비해 삶과 일에 대해 가장 높은 만족도를 보였다. 물론 직장에서 결근의 수준도 가장 낮았다. 어쩔 수 없이 먹고 살려고 일하는 사람보다 자신이 누군가의 삶에 기여하는 일을 하고 있다고 생각하는 것이 아침에 일터로 나갈 때 발걸음도 가볍다는 얘기다.

교육자들을 대상으로 한 연구에서는 자신의 직업을 소명으로 생각하는 사람들이 그렇지 않은 사람들에 비해 더 오랫동안 가르치기를 희망했다. 직업이 사회에 미치는 긍정적인 요소에 더 높은 가치를 두었고 자신의 직업을 위해 더 많은 개인적 희생과 추가로 시간을 쏟는 것으로 나타났다.

벨라Bellah와 동료학자들의 일의 주관적 관점에 따른 분류는 노와이의 개념과 단계를 설명하는 데 매우 유용하다. 사람들은 자신의 일에 대해 갖고 있는 노와이 즉, 목적과 동기의 수준이 다르기 때문이다.

노와이는 세 개의 수준으로 분류한다. 그 첫 번째 수준이 노와이 1.0이다.

노와이 1.0의 목적을 가진 개인과 조직은 일을 수단과 기능으로 본다. 그들에게 '왜 일을 하느냐'라고 물어보면 '돈을 벌기 위해서' 또는 '먹고 살려고'라고 말한다. 심리학자 매슬로우의 5단계 욕구 중 1~2단계의 생존욕구와 안전욕구 정도의 수준을 말한다. 현재의 일은 또 다른 기회를 얻거나 일 이외에 다른 목표를 달성하기 위한 수단일 뿐 그렇게 중요한 의미를 부여하지 않는다. 일 자체에서 자부심과 행복감을 찾을 수 없다. 일의 완성도를 높이기 위해 자발적인 노력도 추가적으로 하지 않는다. 빨리 끝내고 퇴근해서 다른 것에서 즐거움을 찾으려고 한다. 현재 하는 일은 자신의 정체성과 관련이 없다.

두 번째 수준이 노와이 2.0이다. 노와이 2.0은 지위와 권력을 획득하고, 최고가 되는 것에 동기와 목적을 갖고 있다. 경쟁에서 승리하여 더 많은 이익을 창출하고 자신의 분야에서 최고의 매출, 기술력 그리고 노하우를 갖는 것을 중요시한다. 매슬로우의 욕구 단계 중 3~4 단계인 사회적 욕구와 인정욕구에 해당된다. 이들의 목표는 특정 집단이나 카테고리에서 최고가 되거나 탁월함을 갖는 것이다. 또는 자신들의 역량과 실력을 인정받기를 원한다. 이들은 돈·명예·칭찬·인정 등 외부로부터 얻어지는 심리적·물질적 보상을 중시하고 동기부여된다.

마지막으로 노와이 3.0의 동기와 목적을 가진 개인은 자신들이 만들어 낸 결과물로 타인과 사회에 기여하고 긍정적인 영향력을 미치는 것을 중요하게 생각한다. 일은 자신을 표현하는 수단이며 정체성이다. 이 수준의 욕구와 동기는 자기 일이 타인에게 어떻게 인식되는지를 중요하게 생각하지 않는다. 자기 스스로 그것을 가치 있고 의미 있게 만들기 때문이다. 노와이 3.0 수준에 도달한 개인과 조직은 평범한 것을 특별하게 만드는 창의적인 아이디어와 관점을 갖고 있다. 이들이 보유하고 있는 기술력과 노하우는 고차원적 의미와 가치 실현을 위한 수단이다. 또는 그것들을 실현하기 위해 노력하는 과정에서 파생된 결과물일 뿐이지 그 자체가 목적이 아니다. 이들은 외부로부터의 물질적 심리적 보상보다 자신의 가치실현을 통해 얻어지는 기쁨과 열정, 자부심 같은 내적 보상을 중요시한다.

홍원서Dennis Hong 캘리포니아 대학교 로스앤젤레스 캠퍼스의 교수는 세계 최초로 시각장애인용 자동차를 개발해 2009년 미국의 과학 잡지 〈포퓰러 사이언스〉가 선정한 과학을 뒤흔드는 젊은 천재 10인에 선정된 로봇공학자이다. 그는 미국에서 제대로 된 휴머노이드의 문을 연 것으로 평가받는 '찰리'를 개발하여 로봇산업의 레오나르도 다빈치라고 불린다. 홍 교수가 신기술을 개발하기 위해 노력하는 이유를 들어보면 그가 노와이 3.0의 수준에 있다는 것을 알 수 있다.

"나는 내가 개발한 기술이 사람들을 이롭게 할 수 있다는 생각에 일이 너무 즐겁다. 왜 일을 하느냐고 하면 많은 사람이 돈을 벌기 위해서라고 한다. 돈을 위한 것이라고 하면 일이 재미있을까? 내 꿈은 '인간을 이롭게 하는 로봇'을 만드는 것이다. 시각 장애인용 자동차도 이러한 이상을 추구하는 과정에서 나온 것이다."[35]

세계 최초로 청색 LED를 개발하고 2014년 노벨 물리학상을 받은 나카무라 슈지 교수도 노와이 3.0의 좋은 사례이다.[36] 나카무라 교수는 1977년, 일본 도쿠시마 대학에서 석사학위를 받고 니치아라는 작은 화학공업사에 입사했다. 그는 당시 회사에서 셀렌아연을 소재로 청색LED를 만들려고 할 때 혼자서 질화갈륨을 택하여 독자적으로 개발을 진행했다. 다들 미쳤다고 할 때 흔들지 않고 연구에 매진해 결국 LED조명의 혁신을 이끌어 냈고 새로운 역사를 탄생시켰다. 나카무라 교수는 국내의 한 기업과 함께 세계 최초로 자외선UV LED를 상용했으며 향후 에볼라 바이러스와 탄저균까지 죽일 수 있는 자외선 LED를 개발할 예정이다.

나카무라 교수의 LED조명 연구개발에 대한 헌신과 열정은 어디서 나오는 것일까? 많은 사람들이 나카무라 슈지 교수가 노벨물리학상을 받았고 자신이 근무했던 니치아 화학공업과 소송을 진행하여 85억 원 가까운 보상금을 지급 받게 됐다는 사실에 그의 동기가 명성이나 부라고 추측할 수 있다. 하지만 나카무라 교수가 언론과의 인터뷰에서 '왜 연구하는가?'라는 질문에 내놓은 대답은 무엇이 그의 집요하고 포기하지 않는 연구의 몰입과 열정을 가능하게 했는지 알 수 있게 한다.

"내게 노벨상은 큰 의미가 없다. 내 목표는 오로지 현재 60%에 그치는 LED 조명의 에너지 효율을 90% 이상으로 끌어올리는 것이다."

나카무라 교수는 '세상과 사람들의 삶을 개선하겠다'는 순수한 목적의 노와이 3.0을 갖고 있다.

서커스의 새로운 패러다임을 만들며 세계인의 사랑을 받고 있는 '태양의 서커스'의 성공의 원동력도 그들이 노와이 3.0을 지향하기 때문이다. 대니얼 라마르 태양의 서커스 사장은 그들의 서커스에 대해 이렇게 말한다.[37]

"태양의 서커스는 서커스가 아니다. 관객들이 상상할 수 없었던 것을 보여주는 것이다."

자신들이 하는 일이 서커스를 통해 전 세계 사람들의 상상력을 불러일으키고 감각을 고취하며 감성을 고양시키는 것이라고 정의한다. 새로운 쇼를 위해 2~3년의 작업과정이 걸리지만 1년에 한 벌 꼴로 새 레퍼토리를 선보이는 이유가 거기에 있다. 그리고 그런 것이 '바로 우리다운 것이다 That's Who We Are'라고 당당하게 표현한다.

웹 기반의 파일 공유 서비스를 제공하는 드롭박스는 자신들의 일을 '우리가 파는 건 저장 공간이 아니라 마음의 평화와 자유'라고 정의한다.[38] 비즈니스를 통한 수익 창출에만 관심을 두는 것이 아니라 고객들에게 어떤 혜택을 제공하고 공헌해야 하는지에 초점을 맞추고 있다.

이처럼 각기 다른 영역에서 고차원적인 목적과 동기를 갖고 노와이 3.0을 실천하는 개인과 조직은 자기 실천에만 머물지 않고 주변에 긍정적인 영향을 미치며 노와이 3.0을 전파하는 역할을 하고 있다.

KNOW WHY

노와이 3.0의 동기와 목적을 가진 개인은 자신들이 만들어 낸 결과물로 타인과 사회에 기여하고 긍정적인 영향력을 미치는 것을 중요하게 생각한다. 일은 자신을 표현하는 수단이며 정체성이다. 이 수준의 욕구와 동기는 자신의 일이 타인에게 어떻게 인식되는지를 중요하게 생각하지 않는다. 자기 스스로 그것을 가치 있고 의미 있게 만들기 때문이다.

☑ 개인이든 조직이든 무엇을 하든 어디에 있든 상관없다. 열심히 하지만 금방 회의감이 들고 오래 하지 못하고 쉽게 지친다면, 권태와 무기력이 예고 없이 찾아온다면, 그리고 몰입과 행복을 경험하지 못하고 성과의 한계를 느끼고 있다면 '왜'에 대한 질문이 필요하다.

☑ '왜'에 대한 고민은 없는 상태에서 '무엇'과 '어떻게'의 노하우만으로는 탁월성과 지속성 그리고 의미를 만들 수 없다.

☑ 노와이란 어떤 일과 업에 개인과 조직이 가진 특별한 목적과 동기를 말한다. 노하우가 방법이나 요령, 기술, 비결, 비법이라면 노와이는 노하우를 만들어 내는 목적과 동기이며 노하우의 가치를 높이고 차별성을 부여하는 원동력이다.

☑ 개인과 조직의 천재성과 차별성은 높은 목적과 동기로 완성된다.

☑ 노와이는 데이비드 호킨스 박사가 인간의 의식 수준에 따라 분류한 비전의 발전단계 소유 Having-성취Doing-존재Being의 순서 중 존재의 단계에 해당한다.

☑ 사람들은 특별한 목적을 위해 기여하거나 누군가를 돕는다고 인지할 때 그 일이 덜 힘들게 느껴지고 더 높은 집중력과 자제력을 발휘하고 성과를 낼 수 있다.

☑ 노와이는 다니엘 핑크가 동기3.0로 명명한 목적동기와 관련한 것이다. 동기3.0은 수익을 거부하지 않으면서도 목적 극대화를 추구하는 것을 말한다.

☑ 노와이는 혁신의 원천이다. 노와이는 평범한 것에 새롭고 특별한 목적과 동기를 부여하고 다른 언어를 사용하며 가치를 중시하는 것이기 때문이다. 문영미 교수가 말한 차별화와 혁신에 대한 의견과 일치한다. 차별화는 전술이 아닌 생각의 틀이다. 차별화를 위한 혁신은 추가나 증분이 아닌 제거와 분열 그리고 변형을 의미한다.

☑ 폴 바셋(커피는 소통이다), 피에로 가니에르(요리는 예술적 표현이다), 쓰지구치 히로노부(디저트는 감동과 즐거움이다)의 공통점은 자신들의 평범한 일에 고차원적 목적과 동기를 갖고 개념적 차원의 혁신을 추구하는 것이다.

☑ 신경논리적 수준Neurological Level은 환경-행동-능력-신념-정체성-영성이다. 노와이는 신경논리적 수준 중 상위에 있는 영성, 정체성, 신념과 관련된다. 노하우는 능력과 행동 그리고 환경의 수준과 관련된다. 결국 근본적인 변화와 차이는 신념, 정체성, 영성이 변화되어야 한다.

☑ 노와이 1.0은 일을 수단과 기능으로 본다. 노와이 2.0은 지위와 권력을 획득하고 최고가 되는 동기와 목적을 추구한다. 노와이 3.0은 자신이 만들어 낸 결과물로 타인과 사회에 기여하고 긍정적인 영향을 미치는 것을 중요하게 생각한다.

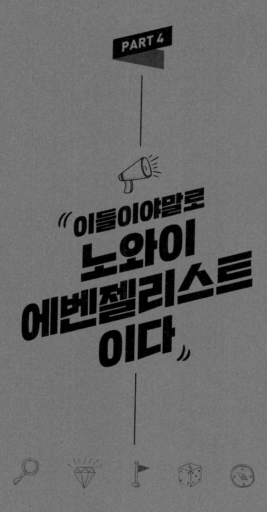

PART 4

이들이야말로
노와이
에벤젤리스트
이다

"이 시대의 진정한 에반젤리스트란"

"태양의 서커스는 서커스가 아니다. 관객들이 상상할 수 없었던 것을 보여주는 것이다."
- 대니얼 라마르(태양의 서커스 사장)

구글, 애플, 마이크로소프트와 같은 IT기업에는 에반젤리스트 Evangelist 라는 직책이 있다. 에반젤리스트는 종교적으로 복음을 전하는 사람을 뜻하지만 기업에서는 자신들의 신기술과 제품을 전파하고 그것을 열렬하게 따르는 사람을 모으는 역할을 한다. 1990년대 애플의 에반젤리스트로 이름을 날린 가이 카와사키는 제품에 대한 브랜드를 구축하고 에반젤리스트가 되기 위해 다음 세 가지의 필요성을 강조한다.[1]

"첫째, 정말 대단한 제품을 만들어야 한다.

둘째, 스스로가 대단한 제품이라고 믿어야 한다.

셋째, 다른 사람들에게 자신의 제품이 더 많은 도움과 혜택을 줄 것이라고 믿도록 전도해야 한다."

여기서 대단한 제품은 단순히 기능적으로 우수한 제품만을 의미하지 않는다. 사람들에게 더 많은 도움과 혜택을 준다는 믿음이 있는 제품을 말한다. 앞서 언급한 얘기들이 단순한 마케팅 전략쯤으로 들릴지도 모른다. 하지만 가이 카와사키의 다음의 이야기를 통해 에반젤리스트들이 노와이적 사고와 접근을 하고 있다는 것을 알 수 있다.

"성공한 마케팅은 한 번 거래하는 걸로 끝나는 일회성 이벤트가 아닙니다. 상대방을 오랫동안 내 편, 내 고객으로 만들려면 그들의 마음을 움직여야 합니다. 당신의 대의명분과 목적을 상대방의 가슴속에 깊이 새겨주고, 당신이 그들에게 처음부터 말했던 약속을 지켜야 합니다."

여기서 주목해야 할 단어가 '대의명분'과 '목적'이다. 대의명분과 목적이 노와이의 핵심이다. 결국 노와이를 추구하는 것이야말로 에벤젤리스트가 되는 길이다.

나는 자기 일과 비즈니스에 높은 목적과 동기를 갖고 남들이 하지 않는 생각과 행동을 하고, 남들이 가지 않은 길을 가는 데 주저함이 없는 용기를 가진 사람들을 '노와이 에벤젤리스트'라고 부른다. 이들은 자기 스스로 추구하는 목적이 사회적 가치와 의미와 중요성이 있다고 믿는다. 그리고 자기 일이 사람들에게 어떤 정서적 혜택과 가치를 주는 지에 많은 관심을 가지며 자신을 신뢰한다.

'죄송합니다. 김치가 너무 맛이 없어서 과감히 문 닫습니다. 사장, 직원,

아르바이트생 만장일치로 맛이 없습니다. 6월 9일 저녁만 닫습니다. 6월 10일 정상영업합니다. 이 안내문을 찍어서 6월 12일까지 재방문 시 보여주시면 사리 서비스의 일정한 맛을 지키기 위해 항상 노력하겠습니다.'[2]

온라인 커뮤니티에서 화제가 되었던 한 김치찌개 전문 식당의 휴업 안내문이다. 항상 맛없던 식당이 아니라 어느 날 하루 갑자기 맛이 없다는 것을 알게 된 식당주인이 내린 결정이다. 일부 누리꾼들은 식당을 홍보하기 위한 마케팅 전략이 아닌가 하는 의심의 눈길을 보내기도 했다. 하지만 확인 결과 김치찌개가 진짜 맛없어서 문을 닫았다는 게 사실이다. 단골이 방문했다 헛걸음하는 게 미안해서 다시 방문하면 서비스로 사리를 제공하겠다는 것도 진심이었다.

어떤 이들은 김치찌개 한 번쯤 맛이 없어도 큰 문제가 되지 않는다고 생각할 수 있다. 하지만 주인의 생각은 달랐다. 주인은 손님에게 한 끼라도 제대로 된 맛있는 음식을 제공하겠다는 신념을 지키는 것이 더 중요했다.

식당 문을 닫으면 당장 매출에 손해가 발생하기 때문에 문을 닫는 것은 쉽지 않은 결정이다. 사람들이 관심을 보인 것도 단기적인 매출보다는 맛이라는 본질에 더 충실히 하고자 했던 주인의 결정 때문이다.

식당 문을 닫은 주인의 결정은 그동안 식당을 방문했던 고객들에게 주인이 돈을 벌기 위해 안달이 난 사람이 아니라, '맛있는 찌개를 제공하겠다'는 목적가치를 추구하며 자신의 신념을 지키기 위해 노력하는 사람이라는 이

김치찌개 전문 식당의 휴업 안내문

식당 문을 닫으면 당장 매출에 손해가 발생하기 때문에 문을 닫는 것은 쉽지 않은 결정이다. 사람들이 관심을 보인 것도 단기적인 매출보다는 맛이라는 본질에 더 충실히 하고자 했던 주인의 결정 때문이다.

미지를 각인시키는 중요한 계기가 되었을 것이다. 이 식당의 주인은 제대로 된 김치찌개를 만들겠다는 노와이를 가진 에반젤리스트이다.

짐 콜린스와 모튼 한센은 저서 《위대한 기업의 선택》에서 위대한 기업을 이끈 리더들에 대해 다음과 같이 말했다.[3]

'지금껏 모든 조사에서 연구한 리더들은 승리만큼이나 가치를 존중하고 수익만큼이나 목적을 중시하며 성공만큼이나 얼마나 유익한가를 살핀다. 그들이 설정한 기준과 추진력은 깊은 곳에서 우러나온 내면의 것이다.'

짐 콜린스와 모튼 한센은 위기의 상황에 직면하거나 중요한 선택의 상황에서 중요한 목적과 가치를 지키며 현실과 타협하지 않는 것이 위대한 리더십의 핵심이라고 말한다. 노와이 에반젤리스트들도 고차원적 목적과 의미를 갖고 있다는 점, 그리고 어려움과 위기에 당면했을 때 눈앞의 이익보다 목적과 동기를 더 중시한다는 점에서 위대한 기업을 이끈 리더들과 지향점이 같다. 앞으로 살펴볼 사례들은 비록 비즈니스의 규모나 명성은 다르지만 추구하는 비즈니스 지향점에 있어서 모두 노와이 에반젤리스트들이다.

"농업을 생산예술로
승화시킨 류근모 대표"

"내가 지금 하는 모든 것은 예술이다.
내 이름과 나의 자존심이다. 나는 생산예술인이다."
- 장안농장 예술지원팀

한국 농업계의 스티브 잡스로 불리며 주목받는 농업인이 있다. 그가 바로
상추 CEO로 불리는 국내 최대 유기농 전문기업 장안농장의 류근모 대표
이다.[4] 그는 국내 유기농 최초 ISO인증, 국내 최초 미국농무부USDA 유기
농 인증, 세계 유기농업운동연맹IFOAM 유럽인증, 1996년 신지식인상 수상,
2011년 금탑산업훈장 수여라는 특별한 이력을 갖고 있다.

류근모 대표는 1997년, 사업에 실패해 초기자본 300만 원으로 귀농해 농
사를 시작했다. 그는 다양한 시장조사를 통해 당시에는 생소했던 유기농 농
사를 시작했다. 완벽한 유기농 농사를 위해 2004년부터는 유기농 채소를
먹인 소를 키워 퇴비를 자급하고 있다. 안전한 먹을거리에 대한 그의 집념
이 알려지면서 상추 하나만으로 억대 매출을 기록했다. 그러나 상추 하나에

'행복한유기농' 장안농장

장안농장의 쌈 채소 농장 전경

만 만족하지 않고 소비자들의 웰빙 트렌드를 읽고 다양한 쌈 채소에 눈을 돌려 더 큰 도약을 이룩해냈다.

류 대표는 당장 눈앞에 것만 생각하지 않는다. 몇 년 뒤 뭘 할지를 고민하며 새로운 시도를 한다. 그러다 보니 하는 것마다 '세계 최초'라는 타이틀을 갖고 있다. 한해 2만 명이 방문하는 쌈 채소 박물관과 쌈 채소연구소, 쌈 축제와 쌈장 선수권 대회까지 쌈 채소와 관련한 다양한 아이디어를 실험한다. 항상 소비자의 욕구를 먼저 생각하는 류 대표의 기발한 아이디어의 원천은 인문학이다. 그는 이제 농업이 활로를 찾는 방법은 농업 이외에서 길을 찾아야 한다고 말한다. 애플의 스티브 잡스가 떠오르는 대목이다.

그는 창의적인 아이디어로 문제를 기회로 바꾼다. 그는 까치가 파먹은 사과를 버리지 않고 '까치는 맛있는 사과만 파먹습니다. 이 사과를 깎아서 아이들과 드시면서 까치가 먹은 사과, 까치가 키스한 사과라고 말해주세요. 15개에 10,000원에 드립니다'라고 홈페이지에 올려 500건의 주문을 받아냈다.

더 황당하고 기가 막힌 사례가 있다. 겨우내 죽어 있다가 이듬해 봄에 다시 싹이 튼 상추에 '부활 상추'라는 이름을 붙여 기독교 부활절에 4킬로그램에 80만 원에 판매했는데 날개돋인 듯이 팔렸다고 한다.

류 대표가 선견지명을 갖고 농업에 창의적인 아이디어를 적용하며 차별성을 만들어 내는 원천이 무엇일까? 그것은 농업에 대한 그의 남다른 목적과 동기에서 찾을 수 있다. 농업을 단순히 인간의 근력과 기계를 이용해 농산물을 생산하는 것으로 생각하지 않는다. 그는 농업을 생산 예술이라고 부른다. 장안농장에서 일하는 사람들은 모두 농사꾼이 아니라 생산 예술인이다. 류 대표는 우리에게 하는 일을 재정의하고 고차원적 목적과 동기를 갖는 것이 어떤 결과와 차이를 만들어 내는지 직접 보여주는 진정한 농업계의 에벤젤리스트이다.

장안농장 전경

" 세상에 좋은 일을
전파하는 제과점 성심당 "

"마케팅을 전공하지도, 경영대학원을 나오지도 않았지만
기업은 돈만 버는 곳이 아니라는 것,
세상에 좋은 일을 전파하는 곳이라는 것을 알게 됐다."

- 임영진(성심당 대표)

대전 역 앞에서 천막을 치고 찐빵을 팔기 시작해 어느덧 60년 넘은 세월을 버티며 400억 원의 매출을 올리는 대전의 빵집 대표 브랜드가 있다.[5] 바로 '성심당'이다. 성심당은 부친의 뒤를 이어 임영진 대표가 운영하는데 특허 받은 튀긴 곰보빵과 부추빵으로 유명하다.

성심당이 유명해진 건 창립 이후 매일 팔다 남은 빵을 보육원, 양로원 등에 기부해온 기부의 전통 때문이다. '하루 지난 빵은 팔지 않는다'는 원칙을 고수한다. 매달 평균 3,000만 원어치 정도의 빵을 기부한다. 수익만을 추구한다면 남은 빵을 세일해서라도 팔면 될 텐데 그렇게 하지 않는다.

나눔의 철학은 임영진 대표가 대학 시절부터 집안일을 도우며 부친에게 물려받은 정신적 유산이다. 그의 아버지는 '주는 게 받는 것'이라고 믿었다.

임 대표는 '나누는 기업이 성공한다는 것은 틀림없는 말이다', '음식장사의 생명은 신뢰다. 먹는 것으로 장난치면 오랜 시간을 버틸 수 없다'라고 말한다. 임 대표가 경영에 대해 어떤 신념을 가졌는지 엿볼 수 있는 대목이다.

임 대표가 직원과 거래처를 대하는 방식에도 이런 생각이 묻어난다. 성심당은 분기별로 직원들에게 상여금을 지급한다. 순이익의 15%를 인센티브로 지급한다. 거래처에는 100% 현금을 지급하며 거래처는 동등한 관계로 생각한다. 성심당은 화재로 인해 위기를 경험했다. 하지만 직원들과 주변의 도움으로 다시 일어설 수 있었다.

임 대표는 "마케팅을 전공하지도, 경영대학원을 나오지도 않았지만 기업은 돈만 버는 곳이 아니라는 것, 세상에 좋은 일을 전파하는 곳이라는 것을 알게 됐다."고 말한다.

사람들이 성심당의 빵을 먹는 건 단순히 음식이 아니라 신뢰와 나눔을 만나는 영성과의 만남이라고 해도 지나침이 없을 것 같다. 그런 점에서 임영진 대표야말로 제빵업계의 진정한 에벤젤리스트이다.

성심당 대전 은행동 본점

"프라이탁, 업사이클링으로 환경을 보호하다"

"새천을 받아오면 우리 스토리를 훼손하는 것입니다.
그것은 프라이탁이라고 할 수 없죠. 그래서 쓰고 싶은 생각이 들다가도 금세 포기합니다.
원칙을 폐기해선 안 되잖아요."
- 마르크스 프라이탁(Markus Freitag)

FREITAG®

쓰다 버린 폐자재로 가방을 만든다면 어떨까? 이런 생각을 실행에 옮겨 만들어진 가방이 프라이탁이다.[6] 프라이탁은 1993년, 스위스의 형제 디자이너 다니엘과 마르크스 프라이탁의 '20만 킬로미터는 달린 듯한 트럭의 방수 덮개로 메신저 백을 만들면 멋지겠다'는 엉뚱한 발상에서 시작되었다. 가방천은 쓰다버린 트럭덮개, 어깨끈은 폐차된 자동차 안전띠 그리고 가방 모서리는 폐자전거 고무 튜브를 사용하여 수공업으로 만든 가방이 전 세계에서 판매되고 있다. 사람들은 프라이탁을 '감성 쓰레기'라고 부르는 데 멈추지 않는다. 구매 후 자랑삼아 SNS에 올리며 무한 애정을 표현하기까지 한다.

인간을 합리적이고 경제적인 선택과 소비하는 존재로 여기는 호모 이코노미쿠스적 관점에서 보면 다소 이해할 수 없는 행위일지도 모른다. 하지만 '프라이탁'을 구매하는 소비자들은 단순하게 가방을 산다고 생각하지 않는다. 남들이 거들떠 보지 않는 소재로 가방을 만든 사람들의 아이디어와 신념 그리고 독특한 관점을 구매한다. 남이 알아주든 말든 그런 가방을 들고 다니는 자신을 특별한 사람으로 여긴다. 이 가방의 사용자들은 '세상에 하나뿐인 가방'을 들고 다니는 친환경적인 착한 소비의 주체로서 자신을 표현한다.

이제 프라이탁은 업사이클링Up-Cycling[7) 비즈니스의 대명사가 되었다. 업사이클링은 착한 소비의 한 형태로서 재활용품에 디자인 또는 활용도를 더해 그 가치를 높인 제품으로 재탄생시키는 것이다. 프라이탁의 이런 독특한 아이디어와 경영 가치가 소비자들의 큰 반응을 얻으면서 전 세계 500여

프라이탁 백팩Backpack&랩탑백Lptop Bags

개 매장이 생겨날 정도로 높은 인기를 누리고 있다. 연간 440톤의 트럭 덮개, 3만 5,000여 개의 자전거 타이어 튜브, 29만 개의 자동차 안전띠가 프라이탁의 멋진 가방으로 재탄생되고 있다.

마르크스 프라이탁은 '성공을 위해서는 자기 가치에 충실하기 위한 노력이 뒤따라야 한다'고 강조한다. "실제로 어딘가 사용됐던 폐방수천을 쓰는 것은 우리 스토리의 핵심이에요. 새 천을 받아오면 우리 스토리를 스스로 훼손하는 것입니다. 그것은 프라이탁이라고 할 수 없죠. 그래서 쓰고 싶은 생각이 들다가도 금세 포기합니다. 원칙을 폐기해선 안 되잖아요." 이렇듯 '원칙을 지킨다'는 것만큼 노와이 에벤젤리스트들에게 중요한 것은 없다.

" 신발을 퍼주는 기업 탐스 "

"탐스는 내가 돈을 버는 것을 목적으로 하지 않은 첫 번째 사업이었다.
이윤을 생각하지 않고 했던 일이 가장 큰 성공을 거뒀다는 건 정말이지 기적이다."
- 블레이크 마이코스키(Blake Mycoskie, 탐스 CEO)

30대 초반의 블레이크 마이코스키Mycoskie는 우연히 마주친 미국인 자원봉사자를 따라가 아르헨티나 아이들에게 중고 신발을 나누어 주는 경험을 했다.[8] 그는 그 이후 2006년 하루 이벤트가 아닌 지속가능한 기부를 하기 위해 탐스를 설립하고 신발사업을 시작했다. 탐스의 캐치프레이즈는 '일 대 일One for One'이다. 판매하는 캔버스 플랫슈즈를 한 켤레 팔 때마다 개발도상국의 어린이들에게 새 신발 한 켤레를 선물한다. 신발을 더 많이 팔고 이윤을 더 많이 벌수록 더 많이 기부하는 독특한 비즈니스 모델이다. 지금까지 기부한 신발이 5,000만 켤레가 넘는다.

사람들이 좋은 디자인과 합리적인 가격의 신발을 선호하는 것은 당연하다. 거기에다 자신이 구매한 결과로 제 3세계의 어린이들의 삶을 개선하고 동기부여 하는 데 도움이 된다니 얼마나 의미 있고 가치가 있는가? 실제 탐스는 10주년을 맞아서 전문기관에 의뢰해 신발을 건네준 아이들을 전수 조사해 본 결과, 아이들이 자존감도 높아지고 자기 자신을 높게 평가했다. 이건 고객뿐만 아니라 직원들에게도 좋은 영향을 미친다. 자기 일과 노동이 더 나은 세상을 만드는데 기여한다는 생각은 직원들의 자부심과 사기를 높였다.

탐스는 어느 정도 자리 잡고 성장하면서 새롭게 영입된 인재들에 의해 창립 초기의 정체성과 신념이 흔들린 적도 있었다. 마이코스키는 1년간의 과감한 휴직을 하고 복귀한 후 회사의 초심과 맞지 않은 직원들과는 어쩔 수 없는 작별을 하면서까지 흔들리는 회사의 방향을 다시 잡았다.

마이코스키는 "탐스는 내가 돈을 버는 것을 목적으로 하지 않은 첫 번째 사업이었다. 이윤을 생각하지 않고 했던 일이 가장 큰 성공을 거뒀다는 건 정말이지 기적이다."라고 말했다.

마이코스키는 자신의 직업을 어떻게 정의할까? 일반적으로 하는 일을 보면 독특한 비즈니스모델을 추구하는 사업가로 보는 게 맞다. 하지만 그는 자신의 명함에 '신발 퍼주기 대장Chief Shoe Giver'이라고 표기하고 자신을 영감을 주는 사람Inspirer에 가깝다고 말한다. '신발 판매자'가 아닌 '신발 퍼주기 대장'과 '영감을 주는 사람'으로 자신을 인식하는 것, 그리고 같은 업종에 있는 사람들과 다른 고차원적인 목적과 동기를 갖는 것이 노와의 핵심이다. 다음 같이 자신의 철학을 말하는 마이코스키는 신발업계의 진정한 노와이

에벤젤리스트이다.

"내 사업의 본질은 감동이다. 기부로 사업 배웠으니 망해도 좋다. 나는 성공이란 돈을 벌고 남을 돕고 건강하게 아이들 키우고 많이 웃는 것이라고 생각한다. 마지막으로 묘비명에 새기고 싶은 말은 '많이 줄수록 오래 살리라 The More You Give The More You Live'이다."

탐스 쥬스 캔버스&글리터

"일상의 불편을
해결하는 제품 다이슨"

"창업 때부터 그랬듯이 사람들이 일상에서 느끼는 작은 불편을 해결하는 데 노력해왔다.
나는 포기를 싫어한다. 다이슨은 돈을 좇는 기업이 아니라
남들이 시도하지 못하는 걸 만드는 기업이다."
- 제임스 다이슨(James Dyson, 다이슨 대표이사)

dyson

날개 없는 선풍기, 먼지 봉투 없는 청소기 하면 떠오르는 기업이 영국 가전 기업 다이슨이다. 다이슨의 신제품 헤어드라이어 '다이슨 슈퍼소닉'의 개발 과정을 보면 다이슨이라는 이름 속에 담겨 있는 노와이가 무엇인지 이해할 수 있다.

다이슨은 그저 평범한 헤어드라이어의 불편을 해결하기 위해 4년간 총 600여 개의 시제품을 만들어 실험했고 7개국 사람들을 대상으로 성능을 테스트했다.[9] 테스트를 위해 사용한 모발이 1,625km에 이르며 개발비는 약 835억 원에 달한다. 이렇게 개발한 헤어드라이어의 가격은 일반 제품의 10배 정도나 된다.

헤어드라이어 하나를 개발하기 위해 그렇게 많은 시간과 비용을 투입할

필요가 있겠느냐는 생각을 하게 된다. 다이슨의 창업주 제임스 다이슨이 유명해진 것은 1979년부터 5년간 무려 5,127개의 시제품을 만들어 실험한 끝에 먼지 봉투가 없는 진공청소기를 개발하면서부터였다. 이것은 유럽에서 100년간 먼지 봉투를 달고 사용해왔던 진공청소기의 불편을 해결한 역사적인 혁신이었다. 그 뒤로 여러 가지 위기와 어려움을 극복하며 만들어낸 날개 없는 선풍기, 손 건조기 등은 기술을 인간적으로 사용하며 새로운 혁신을 이끌어 왔다.

전 세계 직원의 3분의 1에 해당하는 6,000명이 엔지니어이고 지금까지 선보인 제품에 사용된 특허 수만 3,000여 개이다. 이 숫자들을 보면 이들은 돈을 벌기 위해 기술 개발에 목숨을 건 집단으로 비칠 수 있다. 하지만 제임스 다이슨의 이야기를 들어보면 그들이 추구하는 것은 노하우가 아니라 노와이임을 알 수 있다. 그래서 다이슨은 가전업계의 진정한 노와이 에벤젤리스트이다.

"창업 때부터 그랬듯이 사람들이 일상에서 느끼는 작은 불편을 해결하는 데 노력해왔다. 나는 포기를 싫어한다. 다이슨은 돈을 좇는 기업이 아니라 남들이 시도하지 못하는 걸 만드는 기업이다."

《친절함을 추구하는 스낵바
카인드 헬시 스낵스》

"건강하고 맛있으며 간편하고 몸에 좋고 경제적으로 유지 가능하며
사회적으로 의미 있는 방식으로 제품을 생산하는 것을 목표로 한다."
- 카인드 헬시 스낵스

500명이 안 되는 직원으로 연 매출 6,000억 원을 달성하는 기업이 있다. 직원 규모 대비 매출을 보면 ICT 기반의 첨단기술 기업이라고 생각할 수도 있겠지만 건조과일과 견과류로 스낵바를 만드는 식품회사 '카인드 헬시 스낵스'이다.[10]

이 기업의 창업자 대니얼 루베츠키Lubetzky는 '미국 기업가 정신 대사', 〈타임〉이 선정한 '사회를 혁신하는 선구자 25인', 세계 경제 포럼의 '미래의 글로벌 리더 100인', 〈비즈니스위크〉의 '미국에서 가장 전도유망한 사회적 기업가'로 선정되었다.

　카인드 헬시 스낵스는 유화제를 사용하는 기존의 스낵바 제조방식 대신 고객의 건강을 위해 통견과류와 씨앗, 과일 그리고 꿀 등을 혼합하여 생산했

이들이야말로 노와이 에벤젤리스트이다

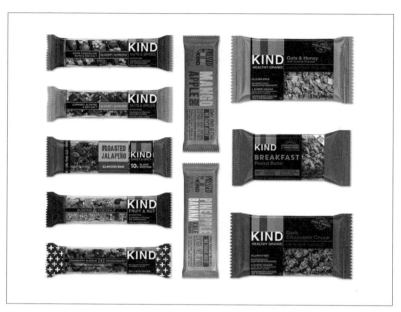

다. 이들은 건강하고 맛있으며 간편하고 몸에 좋고, 경제적으로 유지 가능하며 사회적으로 의미 있는 방식으로 제품을 생산하는 것을 목표로 한다.

경쟁사의 모방으로 위기도 경험했다. 경쟁사가 인공 조미료를 사용해 설탕 함량을 대폭 줄인 제품을 내놓았다. 하지만 끝까지 천연재료를 포기하지 않고 대안을 만들어 대응하여 브랜드의 약속과 정체성을 지킬 수 있었다. 흔히 비즈니스의 목적은 이익을 창출하는 것이라고 말한다. 루베츠키도 이 전제에 대해 반대하지는 않는다. 하지만 성공한 기업들은 이익만을 추구하지 않고 사회에 중요한 가치를 제공한다는 점을 강조한다. 하지만 루베츠키가 비즈니스에 있어 특별히 강조하는 철학은 '친절과 사회적 사명'이다.

친절을 중요시하는 이유는 그의 성장 과정의 경험으로 거슬러 올라간다. 그의 가족은 세계대전 당시 그의 할아버지가 친절을 베풀어 준 아파트 경비원의 도움으로 독일군의 유대인 몰살로부터 위기를 모면할 수 있었다. 아파트 경비원은 독일군을 아파트로 이끌고 온 짐승 같은 사람이지만 루베츠키의 할아버지의 친절과 배려에 감동하여 유대인 학살에 대한 정보를 사전에 그의 가족에게만 알려주었다.

그 이후로 루베츠키의 아버지는 평생을 모든 이들을 평등하게 대했고 친절함과 동정심을 가장 중요한 가치로서 실천하고 살았다. 루베츠키에게도 그것을 실천하고 사는 것이 얼마나 중요한지 가르쳤다. 카인드 헬시 스낵스의 성공비결은 CEO 대니얼 루베츠키의 비즈니스의 노와이 '친절과 사회적 사명'의 흔들림 없는 실천이었다.

☑ 자기 일과 비즈니스에 높은 목적과 동기를 갖고 남들이 하지 않는 생각과 행동을 하며 남들이 가지 않은 길을 가는 데 주저함이 없는 용기를 가진 사람들이 노와이 에벤젤리스트이다.

☑ **장안농장**
류근모 대표는 농업을 생산예술이라고 정의한다. 농업과 인문학의 융합을 통해 그동안 쌈 채소 농사에 남들이 사용하지 않았던 새로운 아이디어와 언어를 적용하며 유기농업의 새로운 장을 열어가고 있다.

☑ **대전 성심당**
'나누는 기업이 성공한다. 음식 장사의 생명은 신뢰다.'라는 철학을 갖고 고객뿐만 아니라 고객과 직원, 지역사회에 나눔을 실천하는 제과점이다. 성심당의 임영진 대표는 나눔을 통해 "기업은 돈만 버는 곳이 아니라 세상에 좋은 일을 전파하는 곳이라는 것을 알게 됐다"고 말한다.

☑ **프라이탁**
쓰다 버린 트럭 덮개, 폐차된 자동차 안전띠, 폐자전거 고무튜브를 사용하여 수공업으로 만든 가방이 감성 쓰레기를 넘어 업사이클링 비즈니스의 대명사가 되었다. 고객들은 단순히 가방을 구매하는 것이 아니라 남들이 거들떠보지 않는 소재로 가방을 만든 사람들의 아이디어와 신념 그리고 독특한 관점을 구매한다.

☑ **탐스슈즈**
신발을 더 많이 팔고 이윤을 더 많이 낼수록 더 많이 기부하는 독특한 비즈니스 모델이다. 탐스슈즈의 CEO 마이코스티는 자신을 '신발 퍼주기 대장'으로 부르며 자신을 영감을 주는 사람(Inspirer)에 가깝다고 말한다. 그는 묘비명에 새기고 싶은 말이 '많이 줄수록 오래 살리라'라고 한다.

☑ 다이슨

다이슨이 천문학적인 개발비용을 투자하며 날개 없는 선풍기, 먼지 봉투 없는 진공청소기, 다이슨 슈퍼소닉 헤어드라이어를 만든 이유는 무엇일까? 그에 대한 답은 다이슨의 창업주 제임스 다이슨의 얘기 속에 담겨 있다.

"창업 때부터 그랬듯이 사람들이 일상에서 느끼는 작은 불편을 해결하는 데 노력해왔다. 나는 포기를 싫어한다. 다이슨은 돈을 좇는 기업이 아니라 남들이 시도하지 못하는 걸 만드는 기업이다."

☑ 카인드 헬시 스낵스

유화제를 사용하지 않고 천연재료만을 사용해 건조과일과 견과류로 스낵바를 만드는 식품회사이다. 이들의 목표는 건강하고 맛있으며 간편하고 몸에 좋고, 경제적으로 유지가능하며 사회적으로 의미 있는 방식으로 제품을 생산하는 것이다. CEO 대니얼 루베츠키가 강조하는 철학은 친절과 사회적 사명이다.

PART 5

적극적으로
《노와이를
개발하는 법》

"위기에서
노와이를 발견하라"

"저는요, 꿈이 있거든요. 1978년 미국 LA 현대미술관MOCA에 가서
현대 미술을 접했을 때, 그 책에서만 보던 미술 작품이 눈앞에 있는 걸 봤을 때 그 전율,
그런 거 사람들이 느끼게 하고 싶은 꿈이요. 나중에 제 미술관을 왔을 때,
백만 명 중 한 명이라도 1978년 당시 저 같은 감동을 했다면 전 그걸로 돼요."
- 김창일(아라리오 회장)

완구회사로 유명한 레고LEGO는 1990년대에 들어서 어둠의 그림자가 드리우기 시작했다. 어린이들이 비디오 게임기에 열광하면서 완구 시장의 흐름이 바뀌는 것처럼 보였다. 레고는 아이들이 버튼만 누르면 쉽게 작동되는 장난감과 비디오 게임을 더 선호한다고 판단했다. 그래서 레고도 더 단순하고 쉬운 장난감을 만들고 비디오 게임 시장에 진입하였다. 하지만 결과는 대규모 적자를 내는 것으로 끝났다.

레고는 이 위기를 어떻게 극복했을까? 이외로 답은 간단했다. 레고가 그동안 던져왔던 질문의 관점을 "아이들은 어떤 장난감을 좋아할까?"에서 "아이들에게 놀이의 역할은 무엇일까?"로 바꿨다. 레고는 이런 관점을 두고 컨설팅 회사의 조사팀과 함께 다양한 국가의 아이들이 노는 모습을 관찰하고 인터뷰했다. 결과는 예상과는 달랐다. 아이들은 즉각적인 반응을 얻을 수 있는 것도 좋아하지만 시간과 노력을 통해 어려운 기술을 익히고 그것을 자랑하고 싶은 욕구도 컸다. 레고는 블록 수를 더 많이 늘리고 조립하는데 시간도 더 오래 걸리는 어려운 제품을 만들었다. 결과는 대성공이었다.[1]

레고는 자신들의 업의 목적과 동기에 대한 본질적 질문을 던짐으로써 위기를 극복할 수 있었다. 아이들이 좋아하는 레고 블록을 만들겠다는 생각은 '노하우'적인 관점과 접근이다. 반면 아이들에게 놀이가 어떤 역할을 하는지에 관심을 두는 것은 '노와이'적인 접근이다. '아이들에게 어떤 존재가 되어야 하는가?'를 묻는 것은 목적가치를 점검하는 질문이기 때문이다. 즉, 고민의 핵심에 노와이가 있다.

2000년대 중반 삼성전자의 TV사업부는 돌파구를 찾지 못하고 있었다. TV에 온갖 최신의 기술을 적용해 시장에 내놓았지만 잘 팔리지 않았다. 이미 고객들은 다양한 기능과 기술력을 갖춘 TV에 싫증을 느끼고 있었다. 거기에 타 회사의 TV들과 디자인도 비슷해 차별화가 되지 않았다.

삼성전자는 관점을 바꿈으로써 위기를 기회로 만들었다. 기존의 생각은 "어떻게 하면 TV를 많이 팔 수 있을까?"였다. 고객에게 더 많은 선택을 받기 위해서 타사의 TV보다 더 많은 기능과 뛰어난 기술을 추가하거나 가격 경쟁력을 추구해야 한다. 하지만 삼성전자는 질문을 바꿨다. "가정에서 TV는 어떤 의미일까?"

실제로 조사결과, 소비자에게 TV는 단순한 가전제품이 아닌 일종의 가구로 인식되었다. 결국 삼성전자는 TV디자인 자체를 바꿨다. 그래서 탄생한 것이 바로 보르도 TV이다. 이 역시 노하우에서 노와이의 관점으로 전환하여 위기를 극복한 사례이다.[1]

우리는 위기의 순간에 자신과 타인의 본질적인 목적과 동기를 탐구함으로써 새로운 돌파구를 만들 수 있다. 뭔가 잘못되고 있다는 신호가 올 때가 노와이를 점검하거나 개발할 좋은 기회이다.

나는 13년간 다니던 회사를 그만두고 기업컨설팅 조직의 전임 교수로 새로운 인생을 시작했다. 직장생활 시절, 순수한 관심과 호기심의 대상이었던 강의가 직업이 되었다. 일반적으로 컨설팅 조직의 전임 교수는 출근에 대한 의무도 없고 자율적이고 유연하게 근무할 수 있다. 적당하게 휴식시간을 가질 수 있고 그 시간을 활용해 자기계발을 할 수 있으니 매력적이었다. 차별화된 콘텐츠와 강의 실력을 갖춘다면 안정적인 수입도 보장받을 수 있다.

나는 직장인에서 직업인으로의 새로운 변화를 즐기며 호기심과 희망으로 일상을 보냈다. 물론 하는 일의 모든 결과를 책임져야 하는 데서 오는 중압감과 스트레스는 만만치 않았다. 모든 어려움을 변화와 성장을 위한 통과의례로 받아들이며 다양한 분야의 콘텐츠를 학습하고 축적하며 적응해 나갔다. 처음 일을 시작할 때 가졌던 적절한 휴식과 자기계발, 일과 삶의 균형 같은 기대도 어느 정도 충족되어 갔다.

그렇게 2년 정도의 시간이 지나자 위기가 찾아왔다. 어느 순간부터 강의가 기대와 재미가 아닌 부담과 스트레스로 다가왔다. 그저 먹고 살기 위한 평범한 일상이 되었다. 한 달에 한 번씩 통장에 입금되는 강의료가 유일한 위안이었다. 권태감은 예상치 못하게 불쑥불쑥 찾아왔다. 열정과 의욕도 점점 식어갔다. 강의 요청이 들어오면 이런저런 핑계를 대며 회피하기도 했다. 새로운 변화와 돌파구가 필요했다. 안정적인 직장을 뒤로 한 채 긴 안목을 갖고 선택한 일이기에 그냥 주저앉을 수는 없었다. 나 자신에게 본질적인 물음을 수없이 던졌다.

"직장생활 시절에는 아무런 대가 없이도 재미와 열정을 느꼈던 강의가 지금은 충분한 보상을 받는데도 그렇지 않은 이유는 무엇인가? 지금 강의하는 나의 진정한 목적과 동기는 무엇인가? 앞으로 오랫동안 이 일을 지속하기 위해 어떤 변화와 시도를 해야 하는가?"

나는 이런 본질적인 질문에 답하면서 돌파구를 찾아갔다. 직장생활 시절에 직무에도 포함되지 않았던 강의를 스스로 열심히 했던 이유는 누군가의 성장을 돕는 데서 오는 만족과 희열이 있었기 때문이다. 타인의 기대보다는 나의 내면의 욕구와 만족이 동기부여의 원천이었다. 그런데 누군가를 만족하게 하고 평가받아야 하는 직업이 된 순간 과거의 순수한 목적과 동기는 퇴색되기 시작했다.

또 다른 이유는 나의 경험과 관심, 혼이 담긴 콘텐츠를 중심으로 강의를 하고 싶었던 의도와 달리 컨설팅 회사는 주제와 상관없이 모든 강의를 소화

해내야 했다. 관심도 없고 나의 정서에 맞지 않는 주제를 공부해서 앵무새처럼 흉내 내듯이 강의할 때면 열정을 발휘하기 힘들었다.

결국 나는 몸담았던 컨설팅 회사를 떠나는 결정을 내렸다. 그리고 장기적인 안목을 갖고 나의 일에 대한 목적과 생각을 정리하고 세 가지를 결심하고 실천했다.

그 첫 번째가 나의 역할의 목적을 '학습자의 마음을 이해하고 성장과 도움을 주는 것'으로 재정립하는 것이었다. 그 결과 내가 누구를 대상으로 강의하고 책을 써야 하는지가 분명해졌다. 모든 사람이 나의 고객이 아니라 내가 가진 능력과 해결책으로 도움을 줄 수 있는 사람들이다. 모든 사람들에게 도움을 줄 수 있고, 주어야 한다는 욕심을 버리니 마음도 편해졌다.

두 번째로 내가 사랑하고 나의 가치와 정서에 맞는 콘텐츠에 집중하기로 방향을 잡았다. 개인과 조직의 변화 그리고 리더십 콘텐츠에만 모든 에너지를 쏟기로 결정했다.

마지막으로 내 생각과 가치를 표현할 수 있는 브랜드를 만들기로 했다. 그렇게 탄생한 것이 조직과 개인의 변화와 성장에 공헌한다는 목적과 동기를 담은 퍼스널 브랜드 '변화디자이너'이다. 변화디자이너라는 브랜드는 1년간의 노력 끝에 특허청 서비스표 등록(41-0335267)을 마쳤다. 변화디자이너는 나의 자부심이자 정체성이다.

하는 일의 방향과 목적과 동기를 구체적으로 정하고 나니 내가 무엇을 해야 될지 어디에 에너지를 집중해야 할지 분명해졌다. 이전보다 심리적 만족과 행복감도 더 커졌다. 차별화된 영역을 구축하며 더 오랫동안 일하기 위해서 내린 올바른 결정이었다. 이렇게 나는 위기를 노와이 즉, 일에 대한 목적과 동기를 재점검하고 새롭게 정립하여 극복했다. 개인이든 조직이든 상관없다. 현재 위기를 경험하고 있다면 노와이를 점검하고 개발할 수 있는 최적의 시기이다.

〝경험하고 느끼고
개발하는 과정을 즐겨라〞

"다른 사람의 이익을 추구하는 과정에서 자신의 이익도 찾을 수 있다."
- 플라톤

"젊은 나이에 자기가 무엇을 하고 싶은지 정확히 아는 사람은 극소수이다. 그래서 일을 하면서 끊임없이 실험을 해봐야 한다. 내가 무엇을 원하는지, 무엇을 중요하게 생각하는지는 대부분 사람들이 실험을 해봐야 알게 되는 것들이다."

이는 사진공유 사이트 플리커Fliker를 창업하고 현재 슬랙Slack의 CEO인 스튜어트 버터필드Stewart Butterfield가 한 말이다. 그가 어떤 생각을 갖고 비즈니스를 하는지 그리고 앞으로 어떤 길을 걸어갈지 알 수 있는 대목이다.

나는 스튜어트 버터필드의 말에 열렬히 공감한다. 앞에서 위기의 순간이 노와이를 발견할 좋은 기회라고 말한 것도 같은 맥락이다. 위기는 우리 자신을 성찰하고 돌아보는 기회를 제공한다. 그동안 어떤 일과 대상에 가졌던 애정과 관심 그리고 노력에 대해 떠올리고 곱씹는 과정에서 더 깊은 본질과 의미들을 발견한다. 즉, 절대적 시간의 투자와 열정, 절박함 등의 경험이 노와이를 개발하는데 중요한 원천이다.

"사랑하게 되면 알게 되고 알게 되면 보이나니, 그때 보이는 것은 전과 같지 않으리라."

이 말은 조선 정조시대 문장가 유한준이 남긴 명언의 구절을 일부 수정해서 문화유산을 보는 자세에 대해 유홍준 전 문화재청장이 언급한 것이다. 우리는 경험하고 느끼면서 이해하고 사랑하며, 그러면서 본질을 알게 되고 그 안에 담겨져 있는 진정한 의미를 발견하고 부여한다.

연구에 의하면, 특정한 영역에 대한 더 높은 수준의 행동몰입은 그것에 반복적으로 노출되고 접촉하며 자극받으면서 긍정적인 정서로 이어진다.[2] 그리고 이것은 그 일에 대한 강렬한 목적의식과 소명을 불러온다.[3] 쉽게 풀어서 설명하면, 우리가 현재 하는 일을 더 몰입하며 열심히 할수록 그리고 그런 경험에 자주 노출되고 반복될수록 그 일에 대해 긍정적인 생각을 하게 된다는 의미이다. 더 나아가 그 일을 자신의 정체성의 일부로 인식하게 되고 더 고차원적인 목적과 의미를 갖게 된다.

결국 어떤 것에 열정을 갖고 몰입하고 노력하는 사람들이 노와이를 발견하고 실행할 가능성이 높다. 앞서 사례에 등장한 많은 개인과 조직들의 공통점이 바로 자기 일과 업에 더 오랜 시간과 노력을 투입하고 몰입했다는 것이다.

노와이를 개발하기 위해서는 현재 하는 일에 온 힘을 다하며 몰입해야 한다. 그리고 그 과정에서 생기는 어려움과 문제들을 직면하고 극복하며 거기서 오는 내면의 느낌과 반응에 귀 기울이며 본질적인 질문을 하는 의식적인 노력이 필요하다. 그저 조용히 가부좌를 틀고 앉아 고민하다 어느 한 순간의 깨달음으로 노와이를 찾을 수 없다. 어떤 것을 직접 대면하고 경험할 때 정확히 표현할 수 없지만 자신의 신념과 정체성, 가치가 상호작용하며 그 일이 자신에게 어떤 느낌을 주는지 가슴과 몸으로 알 수 있다.

글쓰기는 내 능력을 넘어서는 쉽지 않은 작업이다. 남들보다 더 많은 시간과 노력을 쏟아야 한다. 처음에는 '강의하는 사람으로서 책 한 권 정도는 써야 하는 것 아닌가' 하는 단순한 생각과 개인적인 욕심에서 글을 쓰기 시작했다. 하지만 글쓰기는 그렇게 단순한 목적과 동기로는 지속하기 어려운 작업이었기에 포기할까 고민도 많이 했다. 그 시간에 생산성이 높은 다른 일을 해야 되는 것 아닌가하는 회의도 들었다. 하지만 글을 쓰기 위해 자료를 수집하고, 글을 쓰고 수정하는 고된 작업을 반복하면서 조금씩 재미와 성취감을 느끼기 시작했다. 그리고 글을 통해 다른 사람의 변화와 성장에 기여하고 싶은 더 높은 수준의 목적과 동기, 즉 노와이를 갖게 되었다. 만약 중간에 중단하거나 포기했다면 이 책은 출간될 수 없었을 것이다.

자판기 운영자 유계승 사장은 처음부터 자판기 운영에 대한 특별한 목적과 동기를 가진 것은 아니었다. 본인이 다리에 장애가 있기 때문에 큰 어려움 없이 할 수 있는 일을 찾다 우연히 자판기 사업에 뛰어들었다. 하지만 자판기 운영을 사소한 일로 치부하지 않고 이용자들의 입장을 생각하며 좀 더 깨끗하고 성실하게 더 많은 시간과 에너지를 투자해 관리했다. 이렇게 세월이 흐르면서 유 사장은 장애인으로서 국가로부터 받은 기회와 혜택을 사회에 환원해야 한다는 사명감까지 느끼게 되었다. 그렇게 20년이라는 세월을 거치면서 유 사장은 양심 자판기 운영자를 넘어 자판기로 세상과 소통한다는 노와이를 가진 노와이 에벤젤리스트가 되었다.

특별한 일을 한다고 반드시 특별하고 괜찮은 사람이 되는 것은 아니다. 평범한 일을 비범하게 할 때 더 특별하고 괜찮은 사람이 될 수 있다. 어떤 일을 하느냐보다 그 개인이 자기 일을 어떤 관점으로 바라보고 어떤 가치와 의미를 부여하느냐가 더 중요한 문제이다. 이것이야말로 더 새로울 것 없고 특별할 것 없는 지금 시대에 가장 중요한 능력이기도 하다. 또한 현재 자기 일과 업을 소홀하게 생각하지 않고 더 많은 노력과 열정을 쏟아야 하는 이유이다. 그런 과정에서 목적과 소명을 발견한다면 더 많은 행복과 보람을 느끼며 목적과 수익의 선순환을 만들 수 있다. 더 나아가 그런 노력은 주변의 지지와 존경을 이끌어 내어 우리의 일을 지속하게 하는 강력한 힘을 발휘한다.

'경험하고 느끼며 개발하기'야말로 우리의 모든 일과 삶의 영역에 적용하고 실천해야 할 변하지 않는 원칙으로 삼아야 한다.

"다른 생각과 관점으로
자신과 세상을 바라보라"

"자기 일에 사명감으로 중독된다는 것은 그일 자체가 자신이어야 한다.
그 정도 되어야 일을 예술의 경지로 끌어올릴 수 있다."
- 백인천

어떤 사람이 있다. 그는 자신이 다니는 회사의 본사 스텝 부서에서 근무하고 있었다. 그는 조직에서 더 높은 지위로 올라가기 위해서 현장 경험이 필요하다고 생각했다. 결국 고민 끝에 남들이 다 꺼리는 현장영업으로 자리를 옮겼다.

그는 처음 경험하는 영업에 큰 기대를 하고 있었다. 빠른 기간에 업무를 배우고 실적을 내기 위해 온 힘을 다했다. 자신이 선택한 길이기에 기꺼이 변화를 즐기며 동료들이 하지 않는 다양한 시도를 하며 적응했다. 하지만 시간이 흐를수록 에너지는 쉽게 고갈되어 갔고 쉽게 지쳤다. 더욱이 쉽게 개선되지 않는 실적은 그를 살얼음판을 걷는 듯한 불안과 스트레스로 몰아갔다.

영업이 평소에 생각했던 것만큼 그렇게 드라마틱하거나 낭만적이지 않다는 것을 아는 데 그리 오래 걸리지 않았다. 어느 날이었다. 그는 상담을 위해 제안서를 들고 고객을 만나러 갔다. 고객은 아내와 함께 있었다. 부부 사이에 무슨 일이 있었는지 표정이 밝아 보이지는 않았다. 하지만 실적을 올려야겠다는 일념으로 분위기는 아랑곳하지 않고 고객에게 제안서를 내밀었다. 갑자기 고객은 그 영업사원이 내민 제안서를 바닥으로 패대기치며 화를 내고 소리쳤다.

"이 사람이 아침부터 재수 없게 찾아와서 뭐 하는 거야."

그는 순간 당황해 어떻게 해야 할 줄 몰랐다. 자신을 잡상인 취급하며 함부로 대하는 고객에게 화가 치밀어 올랐다. 그런 고객에게 강하게 항의해야 된다는 생각도 들었다. 하지만 결국 아무 말도 못 하고 바닥에 흩어진 제안서를 주섬주섬 챙겼다. 오히려 불편하게 해드려 죄송하다는 사과의 말까지 하고 힘없이 뒤돌아섰다.

그의 생각과 감정은 복잡 미묘했다. 그동안 고객들에게 문전박대 당하고 함부로 대우받았던 여러 장면들이 동시에 떠오르며 영업하고 있는 자신이 부끄럽고 작게만 느껴졌다.

하지만 그 경험은 그에게 새로운 전환점이 되었다. 그는 그 일을 겪고 난 후 자신에게 이런 질문을 던졌다.

'왜 내가 만난 고객들은 영업하는 사람들을 존중해 주지 않을까?'

실제로 그가 경험했던 많은 고객들은 영업사원을 환영하기보다는 그저 귀찮은 잡상인 정도로 취급하는 경우가 더 많았다. 그는 그 원인을 자신과 동료들의 태도에서 찾았다. 그와 동료들은 고객의 문제를 해결하고 도움을 주는 파트너로서의 당당함이 없었다. 그저 고객에게 도움받는 을의 입장에서 말하고 행동했다. 그 영업 담당에게 영업은 그저 어쩔 수 없이 하는 밥벌이로서의 직업 Job이나 회사에서 더 높은 자리로 올라가기 위한 경력 Career 이상은 아니었다. 그러니 영업 사원으로서 당당함이나 자부심을 가질 수가 없었다.

자기 일을 스스로 중요하다고 생각하지 않는 사람을 상대방이 존중해 주지 않는 건 당연하다. 그에게 필요한 건 일에 대한 자부심과 당당함이었다. 그는 자신의 일을 재해석하고 새로운 의미와 가치를 부여했다.

'나의 일은 고객이 비즈니스를 안심하고 운영할 수 있도록 서비스를 제공하는 일이다. 고객은 비즈니스의 변화가 생길 때마다 나를 필요로 한다. 결국 내가 하는 일은 고객의 성공적인 변화를 돕고 지원해주는 것이다. 영업사원으로서 나에게 사망선고를 내리자. 영업사원이라는 단어를 나의 마음속에서 지우고 좀 더 의미 있는 용어를 사용해 나의 일을 표현해보자.'

그는 '영업사원' 대신 '변화관리자'로 새롭게 자기 일을 재정의했다. 결국 자신이 몸담은 회사의 영업사원 중 자기의 직무를 독창적으로 재해석하고 새롭게 창안한 최초의 인물이 되었다. 그는 명함의 직책을 '변화관리자'로 바꾸었다. 그리고 자신의 모든 행동과 관점을 고객의 변화를 돕는 데 초점을 맞추었다. 고객과 고객을 연결하고 과거에 근무하던 교육부서에서 갈고

닦은 강의 실력으로 고객에게 무료강의 서비스를 제공했다. 고객들은 그런 그를 단순히 영업사원이 아닌 자신들의 변화와 성장에 도움을 주는 파트너로서 인정해 주었다. 그의 자부심과 자신감은 더 높아졌고 그런 노력은 결국 영업성과의 향상을 가져왔다. 그는 승진했고 다른 지역의 관리자로 임명되었다.

조금은 장황하게 늘어놓은 이 이야기는 나의 경험담으로 이런 과거의 경험이 도움이 될 것 같아 부끄러움을 무릅쓰고 용기를 냈다. 직장생활 시절, 영업조직에서의 이런 나의 경험과 학습은 현재 내 직업의 정체성이며 철학을 담고 있는 '변화디자이너' 브랜드를 탄생시키는 중요한 밑거름이 되었다.

노와이 개발은 그렇게 특별하지 않다. 개인과 조직이 일과 비즈니스를 다른 생각과 관점으로 바라보며 개념적 혁신을 시도하는 것이다. 그런 노력은 일과 비즈니스가 갖고 있는 본질적 의미 그리고 상대에게 돌아가는 심리적 물질적 혜택을 좀 더 가치 있게 해준다. 그것은 개인의 자부심과 열정과 몰입을 불러올 뿐만 아니라 일과 삶의 만족과 행복을 높이며 좋은 성과를 내는 데 도움을 준다.

나는 오랜 시간이 지난 후 대학원에서 공부하면서 과거에 직장생활 시절 영업조직에서 내가 했던 노력('변화관리자'라는 새로운 직무명을 스스로 만든 것)들이 학문적으로 연구되고 있는 '잡크래프팅'이라는 것을 알았다.

" 잡크래프팅으로
일을 더 의미 있게 만들라 "

"일본인이 새 삶을 살게 하기 위해 아늑한 무언가를
만드는 일이 디자이너의 임무다."
- 에쿠안 겐지(榮久庵憲司·1929~2015 키코만 간장 전용병 디자이너)

아주 오래전에 경험한 일이다. 직장을 그만두고 현재의 직업 세계로 뛰어든 지 얼마 되지 않았을 때였다. 안정된 직장인에서 모든 것을 선택하고 책임 지고 이끌어 가야 하는 직업인으로서 불확실성을 극복하며 적응하기란 쉽 지 않았다. 어느 날 그런 불안감과 혼자가 된 외로움에 사로잡혀 지하철을 타고 귀가 중이었다. 지하철이 역에 접근하면서 평소처럼 안내 방송이 나왔 는데 생각지도 못한 얘기가 나왔다. 지금까지 지하철을 이용하면서 한 번 도 들어보지 못한 내용이었다.

"승객 여러분 안녕하십니까? 요즈음 경제가 좋지 않아 얼마나 걱정이 많 으십니까? 힘내시길 바랍니다. 오늘처럼 비가 오는 날 우산을 준비하지 못 한 분들이 많으실 텐데요. 그런 분들과 우산을 같이 쓸 수 있는 배려하는 하루가 됐으면 합니다. 안녕히 가십시오."

신선한 충격이었다. 기관사가 마치 라디오 방송의 DJ처럼 감동적인 멘트를 하다니. 지하철을 정차했다 다시 출발시키기에도 빠듯한 시간에 승객들의 마음마저 보담아 주는 그 마음이 정말 따뜻하게 느껴졌다. 더욱이 그 당시 인생의 중요한 변화에 직면해서 불안하고 복잡했던 나의 마음은 그 기관사의 멘트로 위로와 받는 듯한 느낌에 가슴이 뭉클해졌다.

이 사례의 주인공은 7호선 DJ로 불리는 유진옥 기관사이다. 그는 승객이 타고 내릴 때 일기예보를 참고하여 날씨정보를 알려 주거나 책에서 좋은 글귀를 찾아 읽어주면서 방송하는 걸로 유명하다.[4]

"입사 전부터 '지하철 안에서 음악을 들려주거나 친절한 방송을 해주면 피곤하고 힘든 승객들이 얼마나 좋아할까?' 하는 생각을 했어요. 승객들에게 짧은 순간만이라도 행복을 줄 수 있다면 저는 그것으로 충분히 힘이 납니다."

유 기관사는 과거 기관사가 되기 전 IT 업종의 직장에 다니며 힘든 시절을 보냈다. 그때 지하철로 출·퇴근 하면서 누군가의 따뜻한 말 한마디가 절실했다. 결국 우여곡절 끝에 기관사가 되었고 과거에 그에게 필요했던 것을 승객들에게 실천하고 있다.

물론 기관사라면 지하철을 운행하고 승객을 이동시키는 본래의 역할이 제일 중요하다. 이건 아주 기본적인 업무이다. 그러나 그는 본래의 역할을 뛰어넘어 '기관사로서 고객에게 행복을 주어야겠다'는 고차원적인 목적과 동기를 실천하고 있다. 직장인들이 어떻게 노와이를 개발해야 되는지 참고할 만한 좋은 사례이다.

직장인들 중에는 유진옥 기관사처럼 자신에게 주어진 업무를 스스로 변화시켜 일을 더욱 의미 있게 만드는 노력을 하는 사람들이 있다. 아브제스니예프스키Wrzesniewski와 더턴Dutton은 이런 일련의 과정을 잡크래프팅 Job Crafting이라고 정의한다.[5] 삼성경제연구소 연구원 임명기는 '직장인들이 자신의 일을 의미 있게 변화시키는 노력을 하는 원인을 저성장 시대와 과거처럼 창업을 하거나 직장을 옮기기 어려운 환경 때문'이라고 한다.[6] 어차피 그런 상황이라면 현재의 직장과 일에 더욱 의미를 부여하고 행복을 추구하는 것이 더 현명한 방법이기 때문이다.

잡크래프팅은 세 가지 방법으로 구분된다. 자신의 업무의 수, 범위, 일하는 방식 등의 과업의 물리적인 경계를 변화시키는 과업가공Task Crafting, 업무의 목적이나 의미, 관계 등을 더 가치 있게 재해석하고 재인식하는 인지가공Cognitive Crafting 그리고 직장에서 만나는 동료 및 상사, 고객 등과의 상호작용의 경계를 변화시키는 관계가공Relational Crafting이다.

잡크래프팅의 세 가지 방법 중 핵심적인 요인이 인지가공이다. 개인이 자신의 일에 더 중요한 가치와 의미를 부여하고 새로운 관점으로 바라보게 되면 일에 대한 호감도와 몰입도가 증가하여 업무와 인간관계에도 긍정적인 영향을 주기 때문이다. 다음 질문들은 잡크래프팅의 인지가공과 관련된 질문 항목이다. 6점 척도를 기준으로 스스로 몇 점을 줄 수 있는지 평가해 보자.

1 내 일이 내 삶의 목적과 어떻게 연결될 수 있는지 생각한다.

2 내가 맡은 업무가 조직의 성공을 위해 중요하다는 것을 되새긴다.

3 내 일이 우리 사회에 기여하는 바를 생각한다.

4 내 일이 내 삶에 어떤 긍정적인 영향을 미칠 수 있는지에 대해 생각한다.

5 내 일이 내 삶의 행복에 어떤 역할을 하는 지에 대해 생각한다.

학자들의 다양한 연구에 의하면 잡크래프팅을 실천하는 조직 구성원들은 높은 정서적 만족감, 더 좋은 수행, 빠른 승진, 자신의 삶에 대한 높은 만족도와 성과, 높은 회복 탄력성을 나타냈다.

임명기와 동료학자들의 연구(2014)에서 잡크래프팅을 하는 직원들은 자신의 일에 더 높은 만족, 열의, 헌신 그리고 몰두하며 현재 조직에서 이직할 의도가 더 적은 것으로 밝혀냈다. 결국 잡크래프팅에 대한 노력이야말로 노와이를 실천하는 효과적인 방법 중 하나이다.

고령화로 과거보다 일을 더 오랫동안 해야 하는 현실도 잡크래프팅에 대한 관심과 노력의 필요성을 일깨우는 중요한 요인이다. 대한민국의 실질은퇴 연령은 남성 72.9세 여성 70.6세로 OECD 국가 중 가장 높다. 좋아하고 의미 있는 일을 찾는 것도 좋지만 그것이 쉽지 않은 상황에서 주어진 현실의 일을 의미 있게 만드는 노력이 현명하고 현실적인 대안일 수 있기 때문이다.

"치열하게 본질적인
질문을 던져라 "

"저는 기업경영에 정답은 없다고 생각합니다. 오직 질문만이 있을 뿐입니다. 상황이 바뀔 때마다 적절히 질문하고 그 질문에 대한 답을 구하는 과정이 경영이라고 생각합니다. 기업들이 실패하는 이유를 분석해보면 리더들은 형식적으로 경영하고 직원들은 보여주기식으로만 일하기 때문입니다. 이런 기업들은 영혼이 없는 것과 같습니다. 제가 늘 직원들에게 하는 말은 노자의 도덕경에 나오는 '천하 만물은 유에서 시작됐고, 유는 무에서 시작됐다(天下萬物生于有 有生于無)'입니다. 보이지 않는 것이 더 중요하다는 말이지요."[7]

중국의 잭 웰치, '중국 경제의 큰 스승'으로 불리며 중국 하이얼 그룹을 창업초기부터 이끌고 있는 장우이민 회장의 얘기는 노와이를 어떻게 개발하고 지켜나가야 하는지에 대해 깊이 생각해보게 한다.

깊은 인식과 고찰 없이 형식적으로 경영하고 보여주기식으로 일하다보면 임시방편식 접근과 겉으로 보이는 것에만 매달리게 된다. 좋은 방법과 기술도 영혼이 없다면 일시적인 끌림으로 끝나기 쉽다. 지속적인 끌림을 주는 노하우는 뒤에 숨겨진 감동과 스토리 그리고 고차원적인 목적과 동기, 즉 노와이가 있다.

그래서 노와이 개발의 시작은 본질적이고 치열한 질문에 답하면서 시작된다. 적절한 질문은 강력한 목적과 동기를 일으키고 근본적인 문제의 해결과 변화를 일으킨다.

스티브 잡스가 세상의 흐름을 바꾼 혁신적인 제품을 탄생시킨 것은 살아생전 33년 동안 매일 거울 앞에 서서 했던 다음의 본질적인 질문이 그 원천이었다.

"만일 오늘이 내 생애의 마지막 날이라면 내가 오늘 하려는 것을 할까?" 이 질문은 스티브 잡스가 경영자로서 매일 매일 올바른 의사결정을 하고 자원을 어디에 집중해야 하는 중요한 기준이 되었을 것이다.

살아 있는 경영의 신으로 불리는 교세라의 창업주 이나모리 가즈오 회장이 통신사업에 진출할 때 자신에게 이런 질문을 던졌다.[8, 9]

"통신 사업을 하고 싶다는 의지는 '나 자신이 더 부자가 되고 싶어서인가?' 아니면 '더 유명해지고 싶어서인가? 내 개인적인 욕심을 채우기 위해서 인가?' 그것도 아니면 '정말 세상과 사람을 위해서라는 사심 없는 마음에서인 가?' 몇 개월 동안 나 자신에게 끊임없이 묻고 또 묻고 물었다. 그러고 나서 마침내 사심이 없음을 확인하고 나서 나는 통신 사업에 진출했다."

이나모리 회장의 저서 《불타는 투혼》에서 밝힌 경영의 열두 가지 원칙을 읽어보면 그가 위와 같은 질문을 왜 했는지 이해할 수 있다.

01 대의명분이 있는 사업목적을 가져라

02 명확한 목표를 세우고 직원들과 공유하라

03 열렬한 소망을 가슴에 품어라

04 남보다 더 노력하라

05 매출은 최대화, 비용은 최소화하라

06 가격 결정이 곧 경영임을 명심하라

07 바위도 뚫을 강한 의지를 갖춰라

08 불타는 투혼을 간직하라

09 매사에 용기를 갖고 임하라

10 항상 창조적인 일을 하라

11 배려하라, 장사엔 상대방이 있음을 기억하라

12 어떤 역경에서도 밝게 행동하라

나는 이나모리 회장이 경영의 신으로 불리는 이유를 경영원칙 1번 '대의

명분이 있는 사업목적을 가져라'에서 찾는다. 대의명분이란 무엇인가? 대의명분은 〈네이버 한자사전〉에서 '① 한 사람으로서 마땅히 지켜야 할 중대한 의리와 명분, 떳떳한 명분 ② 행동의 기준이 되는 도리 ③ 인류의 큰 의를 밝히고 분수를 지키어 정도에 어긋나지 않도록 하는 것'으로 정의한다. 대의명분이 있는 사람은 자부심과 자신감 그리고 강한 추진력을 갖는다.

더 나아가 미래를 위해 현재의 어려움을 극복하고 더 큰 것을 위해 작은 것을 포용할 줄 아는 담대함이 생긴다. 만약 개인과 조직이 새로운 일을 준비하거나 시작단계에 있고, 현재 하는 일과 비즈니스가 그럭저럭 잘 되고 있지만 열정과 몰입 그리고 에너지를 잃고 있다면 그리고 더 높은 수준의 성장을 이루고 지속하고 싶다면 다음에서 제시하는 노와이웨이 3스텝Step을 활용해 보기를 권한다. 새로운 전환점을 만들고 변화하는 데 도움을 얻을 수 있을 것이다.

"노와이웨이 3단계를 적용하라"

"기술적 측면이 중시되던 '노하우Know How'의 시대가 가고
'노필Know Feel'의 시대가 도래했다.
노필은 조직구성원이 자기 일을 어떻게 느끼고 받아들이는가를 의미한다."

- 지오바니 쉬우마(schiuma) 런던예술대학교 교수

목표는 단기적으로 이루어야 할 구체적인 결과물이다. 반면 목적은 장기적으로 추구해야 할 지향점이다. 노와이는 목적과 관련된다. 일과 비즈니스를 할 때 노와이로 시작하면 방향성은 물론이고 노와이를 실현하기 위해 필요한 노하우와 역량도 명확해진다. 하지만 노와이로 시작하고 커뮤니케이션 하는 것은 탁월한 일부 개인과 조직에서만 관찰된다. 노와이의 중요성을 인식하고 노와이로 시작한다고 해도 그것을 지속하고 실행하기는 쉽지 않기 때문이다. 앞에서 평범한 개인과 조직은 직접 부딪히고 경험하고 느끼며 발견하고 정립해 나가는 것을 제안한 이유이다.

노와이를 발견하는 과정은 고도의 의식적인 노력이 필요하다. 그 의식적인 노력의 대표적인 상징적 행동이 바로 적절한 질문을 던지는 것이다. 나는 어

떤 질문을 어떻게 던져야 효과적인 노와이를 개발할 수 있는지 많은 고민을 했다. 그 고민의 결과로 나온 것이 3단계로 이루어진 노와이 웨이Way이다.

첫 번째 단계는 우리가 어떤 일을 하든 그 결과물의 수혜자가 존재한다는 가정에서 시작한다. 천재 소년 송유근은 공부를 통해 세상을 변화시킨다고 생각한다. 그가 하는 공부의 수혜자는 세상의 모든 사람이다. 음료수 자판기를 운영하든, 길거리에서 간식거리를 파는 포장마차를 운영하든, 치킨 집을 운영하든, 특정한 제품을 만들고 서비스를 제공하는 기업을 운영하든 공직에 있든 그 수혜자는 인식에 따라 깊이와 폭이 달라진다.

두 번째 단계는 수혜자가 얻는 경제적 혜택과 정서적 혜택을 생각해 본다. 두 혜택간의 균형을 유지하는 것이 중요하다. 이것이 수익과 목적의 균형이다. 탁월한 개인과 조직은 수혜자에게 돌아가는 정서적 혜택을 더 중요시한다.

세 번째 단계에서 1~2단계의 내용을 갖고 자기 일을 새롭게 재구성한다. 이 단계는 자신과 비슷한 종류의 일을 하는 사람들이 보지 못하는 새로운 관점을 갖게 한다. 이 단계에서 고차원적인 목적과 동기를 발견할 수 있다. 즉 노와이가 완성된다.

1단계 – 나(우리)의 고객과 수혜자는 누구인가?

– 그동안 생각하지 못했던 새로운 고객과 수혜자는 없는가?

– 고객과 수혜자의 범위를 확장한다면?

– 나의 고객의 고객은 누구인가?

2단계 – 나(우리)와 고객들이 최종적으로 얻는 실제적/정서적 혜택은 무엇인가?

– 나와 고객들이 내 일의 결과물을 통해 얻는 것으로 드러난 혜택은 무엇인가?

– 나의 비즈니스는 사람들의 다섯 가지 정서적인 근본 욕구(기쁨유도, 연결촉진, 탐험독려, 자부심 환기, 사회감화) 중 어떤 것에 기여하고 있는가?

3단계 – 내가 하는 일의 목적과 동기를 고차원적으로 표현한다면 어떻게 할 수 있는가?

특히 노와이 웨이 2단계는 일의 가치와 의미를 새롭게 변화시키는 핵심적인 단계이다. 사람들의 정서적인 다섯 가지 기본욕구를 어떻게 충족시켜줄 수 있는가에 대한 질문은 짐스텐겔의 《미래 기업은 무엇으로 성장하는가》를 참고하였다.[11] 짐스텐겔은 폭넓고 다양한 연구조사를 통해 브랜드 이상을 추구하며 성장하는 기업들을 '스텐겔 50'으로 선정했다. '스텐겔 50'에 선정된 기업들은 사람들의 삶을 개선하는 다섯 가지 근본 욕구 중 하나 이상을 충족시키는 브랜드 이상을 갖고 있다.[11]

기쁨유도 행복한 경험, 놀라운 경험, 무한한 가능성의 경험을 활성화하는 것

연결촉진 사람들이 서로 그리고 세상과 의미 있는 방식으로 연결하는 능력을 강화하는 것

탐험독려 사람들이 새로운 한계와 새로운 경험을 탐험하도록 돕는 것

자부심 환기 사람들에게 더욱 큰 자신감과 힘, 안전, 활력을 제공하는 것

사회감화 기존 사고방식에 도전하고 재정의함으로써 사회에 광범위하게 영향을 미치는 것

다음은 유계승 사장의 자판기 운영 사례에 노와이웨이 3스텝을 적용한 결과이다.

1단계 나의 고객은 도서관에서 독서와 학습을 하며 자판기를 이용하는 모든 사람이다. 더불어 자판기 이용 후 발생하는 부산물(사용한 종이컵, 다 마신 음료 캔)을 처리하거나 관리하는 미화원도 나의 고객이다.

2단계

2-1. 나의 고객은 독서와 학습 중 집중력을 높이고 휴식을 취하기 위해 캔 음료와 자판기 커피를 마신다(기쁨유도).

2-2. 나의 고객은 위생적이고 건강한 자판기 음료와 차를 마시고 안전함과 활력을 느낀다(자부심환기).

2-3. 나의 고객은 깔끔하고 맛있는 차를 마시며 행복감을 느낀다(기쁨유도).

2-4. 나의 고객은 친구 또는 연인끼리 음료와 차를 마시며 우정과 사랑을 교환한다(연결촉진).

3단계 나는 단순한 자판기 운영자가 아니다. 자판기 음료와 차를 통해 사람들에게 기쁨, 안전, 배려와 같은 정서적 느낌과 만족을 제공한다. 음료와 차를 통해 우정과 사랑을 연결하고 촉진한다. 더 나아가 나의 행동을 통해 기본과 원칙을 지키는 것의 중요성을 이용자들에게 전한다. 결국 자판기를 통해 나의 신념과 가치를 세상과 교류하고 소통하는 사람이다.

'자판기 1일 1회 청소와 매주 1회 대청소, 최고의 자판기 커피 맛을 추구하기 위한 노력, 무탄산 캔 음료만 판매, 캔 음료와 차와 커피 가격 전국 최저가(캔 음료 500원, 커피 200원), 제대로 된 재료의 사용, 자판기 옆 공간에 취업정보와 입시정보 게시판 운영'

유계승 사장의 이 모든 노력들의 궁극적인 목적은 제대로 된 음료를 제공하고 자판기를 통해 세상과 소통하겠다는 자신의 노와이를 실천하고 지키기 위함이다. 다음은 독자의 이해를 돕기 위해 필자의 직업에 노와이웨이 3스텝을 적용했다.

1단계 나의 고객은 나의 강의를 듣고 책을 읽는 모든 사람들이다.

나의 강의와 책을 통해 영감을 받고 새로운 것을 시도하는 사람들, 주변에서 영향을 받는 사람들도 고객에 포함된다.

2단계

2-1. 나의 고객은 나를 통해 새로운 지식을 얻고 자극을 받으며 변화에 대한 동기를 얻는다(탐험독려).

2-2. 나의 고객은 자신감과 활력을 얻어 새로운 도전을 한다. 자신의 한계를 뛰어넘는 새로운 일을 시작한다(자부심 환기).

2-3. 나의 고객에게 기존 사고방식에 의문을 제기하고 새로운 관점을 갖게 함으로써 사회적인 영향력을 미친다(사회감화).

2-4. 나는 고객 간의 연결을 촉진시키고 서로가 갖고 있는 생각을 연결하고 공유하게 함으로써 성장에 도움을 준다(연결촉진).

3단계 나는 단순히 강의하고 책을 집필하는 것이 아니라 이것을 통해 사람들에게 변화를 촉진하고 새로운 것에 도전하게 하여 변화를 디자인하고 행동하도록 돕는 사람이다. 나는 변화디자이너이다.

'변화디자이너'는 놀랍게도 스텐겔이 정의한 인간의 근본 욕구의 대부분을 충족시킨다. 노와이웨이 3스텝은 내가 앞으로 어떤 역량을 더 개발하고 고객들에게 공헌하기 위해 기존에 하지 않았던 것 중에서 무엇을 해야 되는지 지향점을 알게 해주는 큰 이익을 준다. 또한, 나의 직업적 정체성에 대해 자부심과 행복감을 느끼게 만든다.

세계적인 산업디자이너 카림 라시드Rashid는 창의성의 중요성을 강조하며 창의적인 조직을 만들기 위한 전제조건을 다음과 같이 말했다.[12] "당신만의 틈새언어Niche Language를 만들 수 있도록 사고방식 자체를 완전히 전환해야 합니다. 그러기 위해선 비전과 철학이 필요합니다."

노와이웨이 3스텝은 라시드가 말한 비전과 철학 그리고 틈새언어를 개발하는 데 좋은 프레임워크를 제공한다. 유계승 사장이 자판기 운영을 '세상과의 소통'이라고 말한 것 그리고 내가 나의 직업을 '변화디자이너'라고 명명한 것, 모두 틈새 언어이며 동시에 비전과 철학을 포함하고 있다. 이것이 노와이가 가진 힘이다.

"어떻게 노와이를
이끌어 낼 것인가?"

"보스를 위해 일하지 마세요.
지구의 미래를 위해 일하세요."
- 일론 머스크(Elon Musk)

이제 타인의 노와이를 어떻게 끌어낼 것인가 생각해보자. 이 일은 아이를 키우는 부모든, 학생을 가르치는 선생님이든, 조직의 리더든, 고객을 대상으로 상품을 팔고 서비스를 제공하는 기업에까지 모두가 관심을 가져야 할 주제이다. 그 이유는 노와이를 가진 개인은 높은 몰입과 성과를 내기 때문이다. 게다가 상대의 노와이를 자극할 때 사소한 어려움과 조건을 뛰어넘어 더 큰 그림을 바라보고 중대한 의사결정을 할 수 있다.

연구에 의하면 사람들은 높은 수준의 목적과 동기를 추구하는 개인 또는 조직과 자신을 동일시하는 경향이 있다.[13] 타인과의 동일시는 '나는 누구인가' 또는 '어떤 사람이 되어야 하는가'와 관련된 자아개념 형성과 변화에 영향을 준다. 타인의 노와이를 개발하고 이끌어 내기 위한 첫 시작은 자신이 먼저 높은 수준의 노와이를 추구함으로써 존경받고 닮고 싶은 롤모델이 되어야 한다. 이것이 일종의 카리스마적인 행동이다.

앞에서 소개했던 통탄 복합문화센터의 자판기 운영자 유계승 사장이 학생들로부터 받은 편지에는 존경과 감사의 마음뿐만 아니라 자신도 보이지 않는 곳에서 타인에게 따뜻한 감동을 줄 수 있도록 온 힘을 다하겠다는 내용도 담겨져 있었다. 유 사장의 자판기 운영에 대한 노와이는 혼자만의 실천으로 끝나는 것이 아니라 이용자들에게 고차원적인 욕구를 끌어내는 데 긍정적인 영향을 주고 있다.

고차원적 욕구에 호소하라

"삶을 바꾸는 것이 바로 애플이 목표다. 우리는 여러분이 삶을 영위하는 방식을 근본적으로 바꾸려 한다."

애플의 CEO 팀쿡Tim Cook이 2015년 2월, '골드만 삭스 기술&인터넷 콘퍼런스'에서 한 말이다. 영면한 스티브 잡스 때부터 팀쿡까지 변하지 않는 메시지이다.

승리하는 경영전략의 저자 로저마틴 교수는 이런 말을 했다.[14] "스마트폰 회사 종사자에게 무슨 일을 하느냐고 물으면 '우리 제품 라인은 이렇고 서비스가 어떻다'라고 설명할 겁니다. 그들은 '우린 사람을 연결하고 언제

어디서나 의사소통을 가능하게 하는 사업을 한다'고는 안 해요. 피부 산업도 마찬가지예요. '1등 피부 관리제품을 만들어요'라고 하지. '여성이 더 아름답게 느끼게 해 주는 사업에 종사한다'고 말하지 않습니다."

스마트폰 종사자가 '자신들의 제품을 어떻게 만들고 서비스는 어떻다'라고 말하는 것은 전혀 문제가 안 된다. 다만 그 정도의 의식 수준으로는 더 높은 몰입과 행복을 경험하기 어렵다. 학생에게 왜 학교에 다니고 공부하는지 질문했을 때 그 학생의 대답을 들어보면 현재 학습몰입과 수준을 예측할 수 있다.

천재 소년 송유근은 자신이 하는 공부를 연구라고 표현하고 연구의 목적을 세상을 변화시키는 것이라고 말했다. 자녀에게 '나중에 힘들게 살지 않으려면 공부해야 한다'는 잔소리를 하며 시험성적 향상용 스킬만을 알려주는 학원으로 내몰아 봐야 변화를 기대하기는 힘들다. 아이들의 고차원적인 욕구에 트리거가 될 수 있는 동기를 부여해야 한다.

위스콘신 대학교 경영대 행동과학자인 에번 폴먼Evan Polman 교수의 실험연구는 더 상위의 목적과 욕구를 갖는 것이 성과뿐만 아니라 창의성에도 영향을 준다는 것을 밝혀냈다.[15] 폴먼 교수는 옥탑에 갇혔을 때 탈출하는 방법, 지구상에 존재하지 않은 생물체를 만들어 내는 것과 같은 발상의 전환이나 창의력을 요구하는 실험연구를 진행했다.

어떤 실험대상자들에게는 자신을 위해 그 문제를 해결하게 하고 다른 대상자들에게는 다른 타인들을 위해 해결한다고 생각하게 한 뒤 진행하였다.

그런데 예상외의 결과가 나왔다. 타인을 위해 문제를 해결하려고 한 사람들이 자신을 위해 한 사람들보다 발상의 전환을 더 잘했고 더 많은 창의적인 아이디어를 쏟아냈다. 이처럼 더 큰 목적과 대의를 위해 일할 때 사람들은 더 높은 수준의 동기와 몰입을 통해 더 높은 수준의 성과를 낼 수 있다.

프랑스 테니스 협회의 오픈 대회의 포스터 제작과 관련된 이야기도 고차원적인 목적과 동기가 중요하다는 것을 입증한다.[16] 프랑스 테니스 협회는 1980년부터 프랑스 오픈 대회마다 예술 가치가 높은 포스터를 제작해왔다. 파리에서 유명한 갤러리와 손을 잡고 유명 화가들에게 포스터 제작을 의뢰했다. 그로부터 37년 동안 상상할 수 없는 아름다운 작품들이 탄생했다. 그런데 놀라운 것은 세계적인 화가들에게 주는 포스트 제작비가 고작 600~800유로(약 80~106만 원) 정도라는 점이다. 대가로 보면 참여하는 화가들의 수준에 비해 형편없다. 프랑스 오픈 포스터 담당자는 화가들이 포스터 제작을 재능기부로 여기며 스포츠를 예술로 승화시키는 작업에 흥미를 느끼고 흔쾌히 제작 의뢰를 받아들인다고 설명했다. 일반적으로 호주 오픈, 윔블던, US오픈 대회 같은 경우는 컴퓨터 그래픽으로 포스터를 제작하지만 프랑스 오픈 대회는 오랜 전통을 갖고 화가들이 직접 작업하며 스포츠 포스터에 예술적 혼을 불어넣는데 가치와 의미를 느끼기 때문이다.

유명화가들이라면 얼마나 자존감이 높겠는가? 그런 사람들이 턱없이 낮은 비용으로 자신의 예술혼을 불어 넣는 수고를 마다하지 않았다면 그럴 만한 가치와 의미가 있다는 얘기이다. 즉, 자신들이 추구하는 예술에 대한 신념과 가치 그리고 '프랑스 테니스 협회의 포스터 작업을 하나의 전통으로 만들겠다'는 목적과 동기가 일치했기 때문이다.

리더십 전문가 하버드대 경영대학원 린다 힐Linda Hill 교수는 리더가 구성원의 혁신의지와 역량을 끌어내리면 직원들에게 일에 대한 가치를 이해시켜야 한다고 강조한다.[17] 직원들에게 '왜 내가 이 일을 해야 하는가 그리고 얼마나 의미 있는 일인가'를 이해시켜야 자발적으로 참여와 혁신이 가능하다는 뜻이다.

린다 교수는 1970년대 영국에서 설립한 디자인컨설팅 회사 펜타그램이 유나이티드 항공, 펭귄북스, 제록스와 같은 전 세계 대기업들과 거래할 정도로 성장한 배경을 직원들에게 고차원적인 목표를 부여한 데서 찾는다. '좋은 디자인으로 사회에 긍정적인 영향을 미치겠다'라는 이상적인 비전을 통해 뛰어난 디자이너들을 끌어모았기 때문에 건축가 3명으로 시작한 회사가 독일과 미국에 지사를 둘 정도로 성장했다.

테슬라의 CEO 일론 머스크는 린다 힐 교수가 직원들에게 의미와 이상적인 비전을 강조해야 한다는 얘기를 잘 실천해 위기를 극복하며 놀랄만한 혁신을 이어가고 있다.

그는 제 2의 스티브 잡스로 불리며 그동안 많은 시도만큼이나 실패를 거듭했다. 스탠퍼드 대학에 들어가자마자 얼마 안 되어 자퇴하고 인터넷 기반의 지역정보 제공 서비스를 제공하는 집투ZIP2를 설립했다. 집투를 매각한

후 거액의 돈을 벌었다. 그 돈을 다시 페이팔에 투자해 이베이에 매각하면서 큰 부자가 되었다.

이후 우주선을 제작하는 스페이스X를 설립했다. 우주선 개발은 미친 짓이라고 불릴 만큼 장기적인 투자와 높은 리스크를 감당해야 하는 일이다. 그는 여기서 멈추지 않고 1년 뒤 전기차 회사인 테슬라를 창업했다. 그 뒤로 스페이스X는 로켓을 개발했지만 3번이나 실패했고 첫 번째 전기자동차 로드스타는 사상 최대의 실패작으로 평가받으며 2008년 상반기까지 이렇다 할 사업성과를 내지 못했다. 하지만 2008년 9월, 로켓발사에 성공하고 테슬라가 투자유치에 성공하면서 위기에서 벗어나기 시작했다. 하지만 그 뒤로도 개발한 로켓이 폭발하고 자율주행 차 사망사고가 발생하는 등의 크고 작은 실패와 위기의 순간을 경험하고 있다. 이런 어려움 속에서 테슬라의 전기차 모델3는 생산도 하기 전에 40만 대 이상의 예약 주문을 받아 세상의 이목을 집중시켰다.

일론 머스크의 대담한 도전을 지속하게 하는 원천은 무엇일까? 2010년 테슬라가 자금난으로 도산 직전까지 갔을 때 직원들에게 보냈던 이메일은 그것이 단지 개인의 성공과 욕심을 넘어서는 비전과 이상이 있음을 알 수 있다.

"보스를 위해 일하지 마세요. 지구의 미래를 위해 일하세요."

구글은 자타가 인정하는 일 하기 좋은 직장으로 인정받고 있다. 사람들은 구글의 공짜 점심, 피트니스센터, 오락실 등 복지혜택을 부러워한다. 구성원들은 조직이 더 많은 혜택과 편리를 제공할 때 존중받는다고 생각하고 조직 몰입도가 높아지는 것은 분명하다. 하지만 구글의 직원들은 이런 혜택보다는 '자신들이 더 좋은 세상을 만드는 데 기여한다는 것이 더 가치 있다'고 말한다.

지금까지 이루어 놓은 과학기술의 진보와 온갖 편리로 가득한 현실 세계는 인간이 생존 욕구 같은 하위 욕구에만 머물러 있었다면 불가능했다. 인류의 발전은 실현 불가능한 꿈을 가진 자들이 주도해왔다. 사람들은 더 큰 목적을 위해 자신을 헌신할 때 자부심을 느끼고 더 동기부여 되어 혁신적인 행동을 더 많이 한다. 더 나아가 더 큰 목적과 동기를 가진 사람들은 타인에게 이상적인 영향력Idealized Influence을 발휘하여 자신의 일에 그들을 참여하게 하고 열정을 발휘하도록 고무시킨다.

동기 3.0으로 리드하라

자선 단체를 위해 기부금을 모으는 실험이 있다. 세 조직을 대상으로 보상의 조건을 달리했을 때 어떤 결과가 나타내는지를 확인하는 것이다.

첫 번째 조직에는 다른 혜택이나 보상 없이 자선 단체에 기부하는 행위가 얼마나 중요한지만 강조했다. 두 번째 조직은 모금한 기부금의 1%를 조직원들에게 보상으로 지급하겠다고 말했다. 마지막 조직에는 모금한 기부금의 10%를 조직원에게 보상금으로 약속했다. 과연 어떤 조직이 가장 많은 돈을 모았을까?

대부분의 사람은 본인에게 가장 큰 혜택이 돌아오는 세 번째 조직이라고 예상할 것이다. 하지만 실험결과 가장 많이 돈을 모은 것은 아무런 혜택이 없는 첫 번째 조직이었다. 보상이 없는 조직의 직원들은 타인을 위해 좋은 일을 한다는 보람으로 일했다. 그러나 기부금 일부를 보상으로 받게 될 조직의 사람들은 노력을 얼마나 할 것인가의 기준을 보상 받을 가치수준에 딱 맞추었던 것이다. 보상금이 좋은 일을 하도록 동기를 제공해야 하는 데 오히려 숭고한 생각에 부정적인 영향을 주었다.

타인의 노와이를 개발하기 위해서는 지나치게 경제적 보상과 같은 외적 보상에 치우쳐서는 안 된다. 다니엘 핑크가 《드라이브》에서 동기부여와 관련하여 제시한 새로운 이론과 관점을 참고한다면 타인의 노와이를 개발하는 데 많은 참고가 될 것이다.[18]

다니엘 핑크는 동기부여의 수준을 3단계로 나누었다. 동기부여 1.0은 생물학적 욕구에 기초한다. 동기부여 2.0은 수익극대화를 추구하고 처벌을 피하려는 욕구와 관련된다. 동기부여 2.0 방식은 상황에 따라 다르지만 과거보다 전반적으로 그 효과성을 잃어가고 있다. 다니엘 핑크는 충격적인 성장둔화와 4차 산업혁명의 시대로 대변되는 지금 같은 환경에서 인간을 말로 간주하는 당근과 채찍의 유효성이 떨어지고 있다고 충고한다.

특히 일하는 방법과 조직화하는 방식이 과거와 달라지면서 새로운 동기 부여 방식이 필요하게 되었다. 최근의 일과 조직을 조직화하는 방식이 참여와 공유를 기반으로 하고 있고 수익 극대화만 추구하는 것이 아니라 장기적인 관점에서 가치창출과 사회적 혜택을 고려하는 방식을 선호하고 있다. 이런 것들은 대부분 즐거움, 인정, 재미, 의미와 같은 내재적 동기가 더 적합하다. 또 한 가지는 사람들이 자신의 일을 바라보는 관점과 관련된다. 전통적인 경제학은 인간의 행동을 부를 극대화하는 호모 에코노미쿠스 Homo Economicus의 관점으로 바라보지만 행동경제학자 다니엘 카네만Daniel Kahneman이 밝혀낸 것처럼, 사람들은 생각보다 비이성적인 선택과 행동을 많이 한다. 때론 아무런 경제적 이득도 없고 더 어렵고 힘든 일일지라도 대의명분과 의미가 있다면 기꺼이 헌신하는 것이 인간 본성이다.

2007년, 태안반도에서 유조선의 기름 유출로 사상 최악의 환경재난이 발생했다. 원유가 1만 톤 이상 유출되어 바다와 해변은 시꺼먼 기름으로 뒤덮였다. 전문가들은 복구에만 10년 이상 걸린다고 예상했다. 하지만 100만 명 이상의 자원봉사자들이 기름으로 오염된 태안으로 달려가 기름을 닦아내고 기부금을 냈다. 그런 헌신으로 기름 범벅의 태안반도가 기적같이 3년 만에 복구되었다. 만약 사람들이 동기부여 2.0에 의해 움직이는 가정으로만 본다면 자신에게 아무런 경제적 이득이나 보상이 주어지지 않는 일에 스스로 참여하여 헌신한다는 것은 상상도 할 수 없다.

다니엘 핑크는 태안반도 기름유출 사고에 자발적으로 참여한 사람들의 욕구와 관련된 동기를 제 3의 드라이브 동기3.0으로 명명했다. 동기3.0은 인간이 배우고 창조하고 이 세계를 더 나은 곳으로 만들고 싶다는 세 번째 욕구가 있다고 가정한다. 물론 동기 3.0은 이익도 추구하지만 이익만큼 목적극대화를 똑같이 중요하게 여긴다. 누군가의 노와이를 개발하기 위해서는 이런 목적 극대화를 추구하는 인간의 동기 뒤에 숨겨진 욕구를 잘 이해하고 촉진해야 한다.

세계적인 조사회사 갤럽의 짐 클리프턴 회장의 다음 지적도 동기 3.0적 접근이 더 높은 수준의 목적동기를 이끌어 내는 데 유효하다는 메시지를 담고 있다.[19] "1980년 이후 출생한 소위 '밀레니엄 세대'가 기업에 입사하면서 변화가 시작됐다. 과거 직장인들에게는 중요한 요소는 급여와 만족감, 상사, 인사고과, 일이었던 반면 밀레니엄 세대는 목적과 의미, 발전, 지속적인 대화, 자신의 삶을 중시하는 것으로 드러났다. 오늘날의 직장인들은 그저 월급만을 받아가길 원치 않는다."

〃노와이를 명문화하고 공개적으로 선언하라〃

"자기발견과 영감을 위한 관계들을 창조하기 위해 존재한다."
- 스타벅스

이제 앞서 한 번 언급했던 영화 〈고지전〉의 장면으로 다시 돌아가 보자. 3년이라는 시간이 흘러 6.25 전쟁 막바지에 동부전선 애록 고지에서 치열하고 처절한 전투가 벌어진다. 북한군과 남한군 양쪽 병사의 대부분이 전사했다. 전쟁 초기에 훈계하듯 타이르며 남한군을 살려 준 북한군 장교가 숨을 헐떡이며 죽어가고 있다. 그때 포로로 잡혔던 남한군 장교가 그 북한군 장교를 발견한다. 남한군 장교는 북한군 장교를 유심히 살피더니 3년 전 전쟁 초기의 기억이 되살아났다. 그리고는 남한군 장교는 총상을 입고 죽어가고 있는 북한군 장교에게 화가 나 따지듯이 물어본다.

남한군 장교 "너 나 알지? 이 전쟁 일주일안에 끝난대메."

북한군 장교 "용케 살아 있었구먼 어리바리 새끼!"

남한군 장교 "뭐 하나만 물어보자. 3년전에 의정부에서 네가 그랬잖아. 니들이 왜 지는지 아냐? 싸우는 이유를 모르기 때문이다. 싸우는 이유가 뭔데?"

북한군 장교 "내레 확실히 알고 있었어. 근데 너무 오래돼서 잊어버렸어!"

이 장면 역시 첫 장면만큼이나 인상적이었다. 전쟁 초기에 자신들은 왜 싸우는지 알고 있으므로 전쟁에서 이기고 있다고 당당하게 말했던 북한 군 장교다. 하지만 3년이라는 길고도 지루한 전쟁은 모든 것을 빼앗아가고 싸움의 목적과 동기마저 잊게 했다.

우리도 매일 치열한 경쟁 시스템에서 살아남기 위해 전쟁 같은 일상을 보내고 있지 않은가? 개인과 조직마다 그 수준과 의미가 다를 뿐 일에 대한 나름의 목적과 동기를 갖고 있다. 하지만 한치 앞을 내다 볼 수 없는 불확실성과 속도의 경쟁에서 그것을 잊지 않고 지켜내기는 쉽지 않다. 아무리 의미 있고 중요한 것도 시간이 지나면 퇴색된다. 아침에 눈을 뜨게 만들고 가슴 뛰게 했던 새로운 현실이 그저 반복되는 일상이 되면 권태로워지기 십상이다. 처음의 생각과 마음을 잊지 않고 지속하는 것이 관건이다.

더불어 진정성 있는 목적과 동기가 필요하다. 사회적으로 문제를 일으킨 기업들의 홈페이지에 들어가 보면 왜 진정성이 중요한지 알게 된다. 그런 기업들은 대부분 미션, 비전 그리고 핵심가치와 같은 용어들을 사용하여 자신들의 노와이를 그럴듯하게 표현해놓는다. 그 내용들은 보면 그들이 인본주의를 지향하며 영성을 추구하는 사회적 기업이나 종교단체라고 착각을 일으킬 정도인 경우도 있다.

기업들은 과거 한때 유행처럼 비싼 비용을 들여 미션, 비전, 핵심가치 같은 '노와이'를 만들어 대내외적으로 선포했다. 나는 그런 기업의 교육현장에 오랫동안 함께 했다. 하지만 대부분의 기업들은 처음에 대내외적으로 선언하고 공표한 생각과 방향을 유지하는 데 많은 어려움을 겪는 것을 관찰할 수 있었다. 리더가 바뀌거나 경영환경이 변하면 시들해지고 많은 시간과 돈을 들여 만들어 놓은 노와이가 뒷전에 밀리거나 폐기되는 사례를 많이 봤다.

어떻게 하면 노와이를 지속해서 실천할 수 있을까? 가장 좋은 방법은 명문화하고 공개적으로 선언하는 것이다. 이미 많은 초일류 기업들은 자신의 노와이를 명문화하여 의사결정과 방향설정에 가장 중요한 지표로 삼고 있다. 1980년대 존슨 앤드 존슨의 타이레놀 독극물 사건은 노와이를 명문화하고 그 약속을 지키는 것이 기업의 명성과 성과에 긍정적인 영향을 준다는 교훈을 남긴 대표적인 사례이다.

또 하나는 지나칠 정도로 자신과 타인에게 반복해서 얘기하고 강조해야 한다. 이것은 실천에 대한 자기구속력을 높인다. 그렇게 오랫동안 실천하다 보면 습관과 학습의 마지막 단계인 무의식의 능력의 단계에 도달할 수 있다. 그것이 문화이다. 결국 노와이는 개인에게는 탁월성과 지속성을 만들어 내는 습관을 조직에게는 문화를 창출하는 노력이다.

"'토크 와이 TALK WHY'의 문화를 구축하라"

"목적은 삶을 사는 데 필요한 활성화 에너지를 제공한다."
- 책센트 미하이

'빌 게이츠Bill Gates, 마이클 델Michael Dell, 래리 페이지Larrry Page, 세르게이 브린Sergey Brin, 마크 저커버그Mark Zuckerberg, 래리 앨리슨Larry Ellison, 스티븐 스필버그Steven Spielberg, 하워드 슐츠Howard Schultz, 조지 소로스George Soros.

위에서 열거한 사람들은 모두 자신의 분야에서 탁월성을 발휘하며 세계 경제와 비즈니스를 이끌어 가고 있는 리더들이다. 그리고 또 한 가지 이들은 모두 유대인이라는 공통점을 갖고 있다.

유대인은 세계인구의 0.2%에 불과하다. 하지만 이들은 〈포춘〉지가 선정한 글로벌 100대 기업의 소유주의 40%, 노벨상 수상자의 22% 그리고 세계의 백만장자 중 20%를 차지할 정도로 뛰어난 성취를 하고 있다. 심지어 2013년 노벨상 수상자 12명 중 50%가 유대인이었다. 지금 가속화되고 있는

4차 산업혁명도 유대인이 이끌고 있다고 해도 과언이 아니다. 유대인들은 세상에 없는 새로운 비즈니스를 창출하거나 창의성이 요구되는 다양한 분야를 이끌고 있다. 기존의 것에 답습이 아닌 세상에 없는 새로운 비즈니스를 창출하고 인간의 삶에 기여하는 도전을 한다.

유대인은 어떻게 이렇게 적은 인구로 탁월한 성취를 이루어 나가고 있는 걸까? 그 탁월성과 위대한 성취 뒤에 숨겨진 비밀은 무엇일까?

그 답은 유대인들의 학습 방법인 '하브루타Chavruta'에 있다. '하브루타'는 나이, 계급, 성별에 관계없이 논쟁을 통해 진리를 찾는 학습방식을 말한다. 유대인들은 7~8세가 되면 하브루타 방식으로 친구와 함께 대화하며 탈무드를 공부한다. [20]

이스라엘과 우리나라는 학교도서관에서 학생들의 공부하는 모습부터 다르다. 우리나라의 학교 도서관은 각자 혼자 조용히 앉아 공부하는 모습이라면 이스라엘은 도서관에서 짝을 지어 논쟁하고 대화를 나눈다. 유대인들은 혼자서 공부하는 것이 아니라 다른 사람과 대화를 하면서 더 깊게 이해하고, 서로의 생각을 주장하고 논쟁하면서 진실에 대해 깊이 이해한다. 유대인 학생들은 서로를 통해 배우는 학습방식으로 의미와 본질을 탐구하며 성장하여 세계 역사를 새롭게 쓰는 위대한 성공을 이어가고 있다.

유대인들의 또 다른 성공 요인 중 하나는 학교의 수업방식이다. 이스라엘의 학교 교실에서 가장 많이 들을 수 있는 선생님의 얘기는 '마따호쉐프'이다. 우리말로 너의 생각은 어떠니 What do you think?란 의미다. 유대인들은

100명의 유대인에게는 100개의 생각이 있다고 믿는다. 그래서 선생님은 일방적으로 지식을 전달하지 않고 '마따호쉐프'라고 학생에게 질문한다. 학생들은 선생님의 질문을 통해 자기의 생각을 표현하는 연습을 하며 사고를 확장해 나간다. 학생들은 그냥 받아들이는 게 아니라 항상 '왜'라고 질문하며 공부한다.

2011년 11월, 오바마 대통령이 G20의 수뇌 회의가 끝난 후 열린 기자회견 장면은 질문에 익숙하지 않은 우리의 문화를 상징적으로 보여주었다. 오바마 대통령은 G20정상회의의 훌륭한 개최국 역할을 한 한국에 보답하기 위해 우리나라 기자들에게만 질문할 특별한 기회를 주었다. 하지만 우리나라 기자 중 질문하는 사람은 한 명도 없었다. 당황한 오바마 대통령은 질문을 계속 요청했지만 분위기만 어색해졌다. 오바마 대통령은 "한국어로 질문하면 아마도 통역이 필요할 겁니다."라고 유머 섞인 말까지 하며 배려했지만 결국 질문의 기회는 중국 기자에게 주어졌다. 이 기자회견에서 우리나라 기자들은 끝내 아무도 질문하지 않았다.[20]

왜 우리나라 기자들은 아무도 질문하지 않았을까? '궁금하지 않아서', '영어를 잘못해서', '무엇을 질문해야 할지 몰라서', '질문을 해봐야 대답이 뻔해서', '질문하면 잘 모르는 것으로 인식될까 두려워서', '질문을 잘못하면 무시당할 것 같아서', '상대방의 기분을 상하게 할까 봐 걱정되서', '질문하는 방법을 잘 몰라서' 등의 여러 가지 이유가 있을 것이다. 하지만 무엇보다 가장 큰 이유는 수직적 집단주의 문화의 폐해로 '왜'라는 질문을 던지는 것 자체가 금기시 되거나 바람직하게 인식되지 않았기 때문이다.

　전문가들은 4차 산업혁명은 대부분의 지식과 기능, 인간의 근력을 사용하는 일들이 인공지능과 로봇으로 대체 되리라 전망한다. 또한 기업은 치열한 경쟁 속에서 기술개발과 혁신의 물리적 한계를 극복해야 하는 난제 앞에 놓여 있다. 결국 개인과 조직은 이와 같은 변화의 파도를 넘기 위해서는 사고와 소통의 방식을 바꾸어야 한다. 유대인들처럼 상호행위와 학습을 통해 의미와 본질을 고민하고 탐구하여 집단지성을 이끌어 내는 관계노동자로 탈바꿈해야 한다. 그래야 영향력을 잃어 가고 있는 노하우의 프레임에서 메타인식을 높일 수 있는 '노와이'의 프레임으로 변화할 수 있다.

　나는 사고와 소통의 프레임을 변화시키고 다른 사람의 노와이를 이끌어 내는 리더십을 발휘하기 위한 토크 와이Talk Why의 원칙을 고안했다. 단순히 Why(왜)에 대해 대화하라는 의미가 아니다. TALK (토크)의 T는 Think Why(싱크 와이)를 의미한다. 가정과 학교, 기업에서 Why(왜)에 대해 생각하고 고민할 수 있는 기회를 제공해야 한다. 앞에서 언급했듯이 목적과 이유는 우리에게 에너지와 활성화를 제공한다. '왜'에 대해 깊이 고민할수록 '어떻게'와 '무엇'의 외연이 확장된다. 구글, 마이크로소프트, 페이스북 같은 탁월하고 창의적인 기업이 탄생한 배경에는 왜에 대해 끊임없이 생각하고 탐구한 유대인들의 사고와 소통방식이다. 우리도 본질을 외면한 무엇What과 어떻게How의 행동강박에서 벗어나 왜를 고민하고 탐험하는 노력을 더 해야 한다. 싱크 와이를 위한 최선의 방법은 질문이다. 그래서 A는 'Ask Why(에

스크 와이)'를 의미한다. 자신뿐만 아니라 다른 사람에게 지위와 나이의 관계없이 '왜 해야 하는지', '왜 그런지'에 대해 두려움 없이 질문하고 대화할 수 있어야 한다. 그래야 생각을 자극하고 본질을 탐구하는 기회를 만들 수 있다. 질문은 생각을 자극하고 아이디어를 확장시킨다. 질문에 대한 자세한 내용과 방법은 앞의 '본질적이고 치열하게 질문을 던져라'를 참고하면 된다.

L은 Lead Why(리드 와이)를 말한다. SSKK라는 속어가 있다. '시키면 시키는 대로 까라면 까라는 대로'라는 의미이다. 수직적이고 일 방향적인 리더십과 조직문화를 상징적으로 표현하는 단어이다. 부모는 가정에서 자녀에게 조직에서 상사는 부하직원에게 이유와 목적을 설명하고 동기부여 될 수 있도록 이끄는 리더십을 발휘해야 한다. 앞에서 다룬 다양한 사례와 뛰어난 리더들의 메시지는 목적과 본질 그리고 이유로 이끄는 것이 얼마나 중요한지 말해준다.

마지막으로 K는 Know Why(노와이)를 의미한다. Why(왜)에 대해 생각하고 질문하고 설명하고 리더십을 발휘하다보면 자연스럽게 노와이를 지향하게 된다. 즉 고차원적인 목적과 동기를 갖고 자기 일을 다른 언어로 표현하고 가치, 신념, 정체성을 중요시하며 더 높은 만족과 자부심으로 변혁의 길로 가게 된다. 토크 와이Talk Why가 우리나라의 가정과 학교 그리고 모든 기업의 문화로 자리 잡기를 진정으로 바란다.

토크 와이의
조직문화 만들기

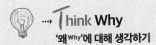

···> **T**hink **Why**
'왜Why'에 대해 생각하기

···> **A**sk **Why**
'왜Why'에 대해 질문하기

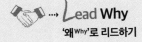

···> **L**ead **Why**
'왜Why'로 리드하기

$$Know\ Why$$

노와이

☑ 레고와 삼성전자의 사례처럼 위기의 순간이야말로 노와이를 발견하고 정립할 수 있는 최고의 기회이다. 무엇을 판매하고 전달할 것인가에서 상대방의 욕구와 정서가 무엇인지에 대해 고민해야 한다.

☑ 노와이는 한순간의 깨달음이나 우연한 발견이 아니다. 어떤 대상을 경험하고 그 과정에서 생기는 어려움과 문제들을 직면하고 극복하며, 거기서 오는 내면의 느낌과 반응에 귀 기울이며 본질적인 질문을 하는 의식적인 노력을 통해 개발된다.

☑ 노와이는 일과 업을 다른 관점으로 바라보는 개념적 혁신을 통해 일이 갖는 본질적 의미 그리고 상대에게 전해지는 심리적 혜택을 좀 더 가치 있게 만드는 일이다.

☑ 잡크래프팅은 자신에게 주어진 업무를 스스로 변화시켜 일을 더욱 의미 있게 만드는 일련의 과정이다. 잡크래프팅의 실천은 개인들이 노와이를 개발하는 데 많은 도움이 된다.

☑ 본질적인 질문을 던지는 노력은 노와이 개발의 가장 중요한 과정이다. 중국 하이얼 그룹의 '장우이민' 회장, 지금이 고인이 된 애플의 '스티브 잡스', 살아 있는 경영의 신 교세라의 창업주 '이나모리 가즈오' 세 명 모두 중요한 순간에 본질적인 질문을 던져 사업의 방향성을 정하고 의사결정하는 공통점을 갖고 있다.

☑ 노와이웨이 3단계는 본질적인 질문을통해 노와이를 개발하기 위한 의식적인 노력의 과정이다. 1단계는 나(우리)의 고객과 수혜자는 누구인가에 대한 질문이다. 2단계는 고객들이 최종적으로 얻는 실제적/정서적 혜택(기쁨유도, 연결촉진, 탐험독려, 자부심환기, 사회감화)은 무엇인지에 대한 질문이다. 3단계에서는 1~2단계를 통해 얻은 새로운 관점으로 일과 비즈니스에 대한 목적과 동기를 새롭게 정의한다.

☑ 타인으로부터 노와이를 이끌어 내는 것은 리더십과 관련된다. 타인의 노와이를 개발하기 위해서는 고차원적인 욕구에 호소해야 하고 일에 대한 가치를 이해시키고 강조해야 한다. 인간이 배우고 창조하고 이 세계를 더 나은 곳으로 만들고 싶은 세 번째 욕구와 관련된 동기 3.0으로 이끌어야 한다. '토크 와이Talk Why'의 문화를 구축하자. '왜'를 생각Think Why 하고 '왜'를 질문Ask Why하고 '왜'로 리드Lead Why하면 노와이를 지향할 수 있다. 마지막으로 노와이를 명문화하고 공개적으로 선언하고 지나칠 정도로 강조해야 한다.

적극적으로 노와이를 개발하는 법

세상과 소통하는 자판기의 주인공
故 유계승 사장을 추모하며

나의 지인들은 오래전부터 '노와이'라는 단어를 내게 들었다고 말한다. 거의 10년 이상을 해 온 학습과 경험으로 얻은 노와이는 항상 나의 언어이고 지향해야 할 가치이기도 했다. 하지만 노와이를 많은 사람들과 공유해야겠다고 결심하고 책을 집필하기 시작한 것은 2년 전부터이다. 동네 도서관 자판기 운영자 유계승 사장이 그 시작의 방점을 찍게 한 주인공이다. 영혼을 담은 평범한 한 사람의 노력이 이 어려운 작업을 향한 실행과 열정에 불을 지폈다. 정말이지 유 사장이 아니면 이 책은 아직도 마음속에서만 맴돌고 있었을지도 모른다.

나는 먼저 독자들에게 고통스럽고 힘든 얘기를 꺼내려고 한다. 이 책을 쓰기 위해 2년간 자료를 수집하고 고민하는 시간을 보내며 최근 몇 개월 동안 집중적으로 글을 쓰느라 유계승 사장과 연락을 하지 못했다. 오래 만에

원고 마감을 앞두고 몇 가지 확인을 위해 도서관을 방문했다. 그런데 음료 자판기 주변을 살펴보고 몇 가지 변화를 발견했다. 입시와 취업정보 게시판이 없어지고 캔 음료 일부와 자판기 커피값이 각각 100원씩 인상되어 있었다. 100원씩 인상되었다고 해도 다른 곳에 비해 터무니없이 저렴한 것은 사실이다. 하지만 책 집필을 거의 마친 상태에서 책의 내용을 수정해야 하는 고민과 함께 유 사장에게 약간의 서운함이 느껴졌다. 물론 자판기에는 가격 인상에 대한 정중한 사과와 함께 이해를 바라는 글이 부착되어 있었다.

자초지종을 알기 위해 유 사장에게 전화를 걸었는데 아내가 받았다. 유 사장의 아내는 남편이 전화를 받을 수 있는 상황이 아니라고만 말하고 원가가 너무 올라 버티다 어쩔 수 없이 가격을 올렸다고 하며 죄송하다고 했다. 게시판은 시야를 가린다는 민원이 들어와 도서관 측에서 요구해 치웠다고

<안내: 수 년年을 버텨오다 별 수 없이>...
수 년째 1캔=500원을 봉사정신으로 유지 했으나,
최근, 음료 캔 가격 인상으로 구입가격 = 판매가격
육박하여 더 이상 견디지 못하고, 구입가격 인상된
4종류 캔에 한정하여 100원 인상(600원) 합니다... .
(수년째 200원인 커피 가격도 100원, 인상 합니다)
이용자 분들의 이해하심과 변함없는 사랑, 기대합니다.
년 월/ 동탄복합문화센터 2층 도서관 자동판매기 운영자 上書.

이유를 설명했다.

그리고 잠시 망설이다가 남편이 6개월 동안 병원에 입원해 계시다가 얼마 전 심정지가 와서 세상을 떠나셨다고 조심스럽게 말을 건넸다. 청천벽력 같은 소리에 충격과 슬픔을 감출 수 없었다. 고인이 되기 전에 출간하여 유 사장에게 전했더라면 하는 아쉬움도 느꼈다. 유 사장의 아내는 책이 출간되면 남편 영정에 책을 드리겠다고 하며 본인이 운전을 못 해 자판기 관리에 어려움도 있고 최근 원가가 너무 올라 불가피하게 일부 품목과 커피값을 인상했다고 하며 미안함을 감추지 못했다.

전화를 끊고 나서 이 책에 대해 더 많은 책임과 소명을 느꼈다. 그의 일에 대한 철학이 퇴색되지 않도록 진정성을 담아내야겠다고 다짐했다. 다시 한 번 고인이 된 유계승 사장의 명복을 빈다.

우리가 지향해야 할
노하우 이상의 노와이

 나는 직업의 특성상 수많은 기업의 구성원들과 만난다. 내가 그들과 만나는 현장은 기업이 가진 존재 목적과 가치가 그리고 구성원들 각자가 가진 신념과 목적지향이 조직과 개인들에게 어떤 영향을 미치는지 직접 느끼고 확인할 수 있는 곳이다. 구성원들이 학습하면서 보이는 표정과 태도 그리고 회사와 리더에 대해 거침없이 쏟아내는 말들을 통해 그들이 회사와 자신의 일을 어떻게 생각하는지 알 수 있다.

내가 경험한 기업들 중 그들의 상품과 서비스가 고객뿐만 아니라 사회전반에 큰 영향을 미치지 않는 곳은 한 군데도 없다. 그런 기업에 속한 구성원 각자도 그 의미 있는 일의 한 부분에 중요한 역할을 담당하고 있음이 분명하다. 더 나아가 각각의 개인은 모두 그들의 삶에 의미 있는 목적을 추구하고 있다고 할 수 있다. 하지만 대부분의 개인과 조직은 목표와 노하우에만 매달리며 그들의 열정과 영감을 불러오고 차별화를 위한 혁신의 불을 지펴 줄 가치 있는 목적과 동기, 즉 노와이에 대해 생각하고 말하지 않는다. 이미 그들은 노와이를 갖고 있는데도 말이다.

노와이는 현재의 일에서 의미와 가치를 발견하고 고차원적인 목적과 동기를 실천하는 것으로 평범한 것을 위대한 것으로 만드는 차별화와 혁신의 도구이다. 자판기 운영자 유계승 사장처럼 자판기라는 평범한 대상에 영혼을 불어 넣어 소통과 감동의 대상으로 만드는 것이 진정한 노와이이다.

노와이는 비즈니스 관점에서 저성장과 4차 산업혁명을 극복하고 물질과 기능, 노하우의 홍수 속에서 차별화와 혁신을 만들어 낼 수 있는 경쟁력의 원천이다. 비슷한 노하우를 갖고 있다면 사람들은 자신의 가치를 충족시키고 영감을 일으키는 상품과 서비스를 선택할 것이다.

노와이는 개인차원에서도 고령화로 인해 오랫동안 일을 하게 된 사회구조의 변화에도 대응할 수 있는 중요한 수단이다. 다니엘 핑크와 라젠드라 시소디어와 동료들의 지적처럼, 이제 문화의 주류가 물질에서 경험으로 넘어가고 개인의 삶의 의미와 목적을 중시하는 초월성의 시대로 변화하고 있다. 이제 노와이 추구와 개발은 개인의 행복한 삶을 위한 필수적인 역량이다.

노와이가 중요하다고 해서 노하우의 무용론을 주장하는 것은 아니라는 사실은 기억하기 바란다. 노하우는 여전히 효용 가치가 높고 시장 지배력과 영향력을 가진 개인과 조직의 핵심역량이다. 어떤 영역에서는 노하우만으로도 충분한 차별화와 경쟁력을 갖출 수 있다.

하지만 경쟁이 심화하고 성장이 둔화한 영역에서 차별성을 만들어 내고 기존의 관념과 틀을 뛰어넘는 새로운 상품과 서비스를 개발하여 우위를 유지하기 위해서는 노하우 이상의 노와이가 필요하다. 고차원적인 노와이를 가진 개인과 조직의 노하우는 남다르고 가치 있다. 그건 행동과 소유의 문제가 아닌 존재가치의 문제이다.

노와이를 하나의 브랜드와 정체성으로 만들기란 쉽지 않다. 오랜 시간 일관성을 갖고 다양한 문제와 위기를 극복해야 하는 장기간의 노력이 필요하다. 유계승 사장이 20년 동안 타인의 인정과 관심에 관계없이 자신이 정한 자판기 운영원칙과 신념을 지켜온 노력처럼 말이다.

이 책의 가장 큰 수혜자는 나 자신이다. 나는 오랜 동안 관련 자료를 수집하고 유계승 사장을 만나고 인터뷰하면서 노와이로 생각하고, 질문하며 이끄는 것이 얼마나 중요한 것인지 알게 되었고, 불확실성이 높은 나의 직업 세계를 노와이로 극복해 나갈 수 있다는 신념이 생겼다.

마지막으로 이 책을 쓰는 동기를 제공해 주신 자판기 운영자 고故 유계승 사장님, 그리고 나의 원고를 직접 읽고 추천의 글을 진술하게 작성해 준 지인들, 변화디자이너라는 노와이 하나만으로 불안정한 직업 세계를 개척해 나가고 있는 나를 응원하고 지원하는 아내와 주변 분들에게 감사를 전한다. 이 책을 통해 모든 개인과 조직이 '토크 와이(TALK WHY)'를 습관화하고 문화로 만들어 일과 비즈니스에 성장과 행복이 지속하길 바란다.

참/고/문/헌

PART 1
노와이의 본질이 담긴 세상과 소통하는 자판기

1 김난도, 전미영, 이향은, 이준영, 김서영, 최지혜,《트렌드코리아 2017》, 미래의창, 2016.10

2 "젊은이를 타락시키고 싶다… 소크라테스처럼",《프리미엄 조선》, 2013.11.20

3 MBC불만제로 자판기 관리 사례 불만제로 (https://www.youtube.com/watch?v=-OZflkvhF-0)

PART 2
점점 경쟁력을 잃어가는 노하우의 한계

1 짐 스텐겔,《미래기업은 무엇으로 성장하는가》, 리더스북, 2012.4.20, p.47

2 롤프옌센,《드림소사이어티》, 리드리드출판, 2014.6

3 김난도, 전미영, 이향은, 이준영, 김서영, 최지혜,《트렌드코리아 2017》, 미래의창, 2016.10

4 "첫 AI변호사 '로스', 뉴욕로펌 취직하다",〈중앙일보〉, 2016.5

5 김난도, 전미영, 이향은, 이준영, 김서영, 최지혜,《트렌드코리아2017》, 미래의창, 2016.10

6 다니엘 핑크,《새로운 미래가 온다》,〈한국경제신문사〉, 2012.3

7 필립 코틀러,《마켓3.0》, 타임비즈, 2010. 5

8 롤프옌센,《드림소사이어티》, 리드리드, 2014. 6

9 라젠드라 시소디어,데이비드 울프, 잭디시 세스,《위대한 기업을 넘어 사랑받는 기업으로》, 럭스미디어, 2008. 3

PART 3
도대체 노와이란 무엇인가

1 김수환,《참으로 아름답게 살기 위하여》, 사람과사람, 1994.4

2 "지금 쓰는 스마트폰 불편하지 않은데… 왜 휘어져야 하지?",〈조선일보 위클리비즈〉, 2013.12.27

3 사이먼 사이넥,《나는 왜 일을 하는가》, 타임비즈, 2013.14.

4 이나모리가즈오,《왜 일하는가》, 서돌, 2013.5

5 릭워렌,《목적이 이끄는 삶》, 디모데, 2003.1

6 네이버 영어사전, 동아출판,〈Know-Why〉

7 "복도에 그림 걸어놓는게 예술경영?",〈조선일보 위클리비즈〉, 2013.12.14

8 "천재소년 송유근 사춘기라 고민이 많아요", 〈조선닷컴〉, 2009.11.7

9 데이비드 호킨스,《의식혁명》, 판미동, 2011.9

10 찰스 두히그,《습관의 힘》, 갤리온, 2012.10

11 댄 폰테프랙트,《목적의 힘》, 2016.11, p.25

12 마셜골드스미스, 마크라이터《트리거》, 다산북스, 2016.8

13 네이버 지식백과, 등산상식사전,〈등정주의, 등로주의〉

14 "일하고 싶은 여성, 날개를 달아주자",

"나도 1년간 파트타임하며 외조_육아 통해 리더십 배워",〈조선일보〉, 2014.1

15 다니엘 핑크,《드라이브》, 청림출판, 2011.10

16 빅터 프랭클,《죽음의 수용소에서》, 청아출판사, 2005.8

17 스펜스 존슨, 래리 윌슨,《성공》, 비즈니스북스, 2008.5

18 "대한민국 직장인의 행복을 말하다", CEO Information, 삼성경제연구소, 2013. 6. 12, 898

19 다니엘 핑크,《드라이브》, 청림출판, 2011.10

20 문영미,《디퍼런트》, 살림Biz, 2011.1

21 알랭 드 보통,《뉴스의 시대》, 문학동네, 2014.7

22 "억만장자 80%는 새로운 시장이 아닌 포화된 시장을 봤다",〈조선일보 위클리비즈〉, 2016.7.9

23 "서울 온 세계적 바리스타 폴 바셋, 에스프레스 잘 추출해야 최상의 커피 맛 낼 수 있어",

〈중앙일보 중앙SUNDAY〉, 2016.9.4

24 "미슐랭가이드 ★★★ 21년 佛요리사 피에르 가니에르",〈조선일보 위클리비즈〉,2014.12.624

25 "디저트 본고장 프랑스도 반했다. 일 '천재장인'의 달콤한 인생,《조선일보 위클리비즈》,

2014.11

26 손영우,《전문가, 그들만의 법칙》, 샘터, 2005.3

27 라젠드라 시소디어, 데이비드 울프, 잭디시 세스,《위대한 기업을 넘어 사랑받는 기업으로》,

럭스미디어, 2008.3, p.67

28 조셉 오코너,존 시모어,《NLP입문》, 학지사, 2010.4

29 "연기인생 40년, 댄싱퀸으로 연기변신 고두심",〈조선일보〉, 2012.8.19

30 "나만큼만 미치면… 4할 친다",〈조선일보〉, 2013.8.24

31 Bellah, R. N., R. Madsen, W. M. Sullivan, A. Swidler, and S. M. Tipton 1985

Habits of the Heart: Individualism and Commitment in American Life.

New York: Harper & Row

32 Wrzesniewski, A. (2003). Finding positive meaning in work: In K. S. Cameron, J. E. Dutton, and R. E. Quinn(eds.), Positive Organizational Scholarship: Foundations of a New Discipline, 296-.308. San Francisco: Berrett-Koehler.

33 존고든, 《에너지 버스》, 쌤앤파커스, 2007.2

34 Wrzesniewski, A., C. McCauley, P. Rozin, & Schwartz. B (1997). "Jobs, careers, and callings: People's relations to their work." Journal of Research in Personality, 31, 21-33

35 "실패를 두려워하지 않고 내 '멋'대로 도전했다",〈조선일보〉, 2013.3.18

36 "노벨상 받으려면… 작은 기업에 가서 미친 듯 연구하라",〈조선일보 위클리비즈〉, 2014.10.22

37 "매출 1조 원 대기업된 '태양의 서커스'",〈조선일보 위클리비즈〉, 2014.11.1

38 "저장공간이 아닌 마음의 평화를 판다",〈조선일보 위클리비즈〉, 2014.11.8

PART 4
이들이야말로 노와이 에벤젤리스트이다

1 "제품을 파는 게 아니라 전도하는 것…에반젤리즘도 전략이 있다",〈조선일보 위클리비즈〉, C2 2016.4.30

2 "한 김치찌개 집 사장님이 사리 서비스까지 내걸며 '과감히 휴업'한 이유", http://m.news.ohfun.net/?ac=article_view&entry_id=10639

3 짐콜린스, 모튼한센,《위대한 기업의 선택》, 김영사, 2012.10

4 "세바시 391회 부활상추, 한국농업의 희망으로 자라다@류근모 장안농장 대표", https://www.youtube.com/results?search_query=류근모

5 "[박정호의 사람풍경] 나눠 먹는 빵이 제일 맛있죠, 매달 3000만 원 어치 나눠줘",〈중앙일보〉, 2016.3.26

6 "마커스 프라이탁 유행에 지친 사람들이 원하는 패션 만든다",〈매일경제〉, 2016.5.5

7 네이버 지식백과, 시사상식 사전,〈업사이클링〉

8 "난 '신발퍼주기 대장'… 5000만 켤레, 맨발에 신겼죠",〈조선일보 위클리비즈〉, 2016.4.16

9 "머리카락 1625KM썼다. 이 헤어드라이어 위해",〈조선일보〉, 2016.4.27

10 "친절함은 아우슈비츠에서도 생명을 구한다 '카인드 헬시 스낵스' 설립자 대니얼 류베츠키',〈조선비즈〉, 2016.12.03

PART 5
적극적으로 노와이를 개발하는 법

1 "경영, 철학에 한 수 배우다", 〈조선일보 위클리비즈〉2014.11.15

2 Bornstein, R. F. (1989). Exposure and affect: Overview and meta-analysis of research, 1968~1987. Psychological Bulletin, 106, 265~289

3 Ericsson, K. A., Krampe, R. T., & Tesch-Romer, C. (1993). The role of deliberate practice in the acquisition of expert performance. Psychological Review, 100, 363~406

4 "[미니다큐] 오늘-111화 : 7호선 행복기관사", https://www.youtube.com/watch?v=tnNEFNG9i4Q

5 Wrzesniewski, A., and J. E. Dutton(2001),"Crafting a Job: Revisioning Employees as Active Crafters of Their Work," Academy of Management Review, 26(2), 179~201

6 임명기 외,. 한국판 잡 크래프팅 척도(JCQ-K)의 타당화 연구, 한국기업경영학회, 2014, 56, p.181~206

7 "포드의 효율·노자의 도덕경 中體西用 경영", 〈조선일보 위클리비즈〉, 2015.11.21

8 이나모리 가즈오,《왜 일하는가》, 서돌, 2013.5

9 중앙일보 "서울 온 일본 경영의 신 이나모리 가즈오 교세라 명예회장", 〈중앙일보〉2012.2.2

10 이나모리 가즈오,《불타는 투혼》, 한국경제신문사, 2014.6

11 짐 스텐겔,《미래 기업은 무엇으로 성장하는가》, 리더스북, 2012.4, p.44~47

12 "따라쟁이 한국…한국 외계인 돼야 살아 남는다",〈조선일보 위클리비즈〉, 2013.12.14

13 Shamir, B., House, R. J., & Arthur, M. B. (1993). The Motivational Effects of Charismatic Leadership: A Self-Concept Based Theory. Organization Science, 4, 577~594

14 "갤럭시S6 발표 삼성, 자신의 Why 입증해야", 〈매일경제〉, 2015.3.3

15 "[CEO심리학] 창의적인 사람은 이기적? 타인 위한 발상 더 많죠",〈매일경제〉, 2015.2.6

16 "예술의 나라 프랑스, 포스터도 명작이네",〈중앙일보〉, 2016.6.2

17 "인재 모으기만 하는 리더는 하수 '집단천재성' 일깨워야 천재적 성과 나온다", 〈조선일보 위클리비즈〉, 2016.4.30

18 다니엘 핑크,《드라이브》, 청림출판, 2011.10

19 "최순실 게이트, 충격받은 한국, 정직한 대통령 뽑게 될 것",〈중앙일보〉, 2016.11.12

20 "왜 우리는 대학에 가는가 5부 '말문을 터라'",〈EBS다큐프라임〉, 2014.1.28

이/미/지 설/명 및 출/처

p.101
1 폴바셋 매장(대구 신세계 백화점 2호점)
http://www.baristapaulbassett.co.kr/shop/StoreSearch_2.jsp?pcVersion=0&m=6&s=0&c=
0&pageNumber=-1&currPagebarCnt=1&sc=2000101

p.103
2-1 피에르 가니에르 요리
샐러드 맛있는 그 집에 파란불이 켜졌다. http://food.chosun.com/site/data/html_dir/
2008/11/06/2008110600339.html
2-2 피에르 가니에르 서울 http://www.lottehotel.com/seoul/ko/dining/dining.asp

p.106
3 몽상클레르 디저트 http://www.ms-clair.co.kr/brand/brand01.html

p.133
4-1 장안농장의 쌈채소 http://blog.naver.com/sinjeongcc/220276828776
4-2 장안농장 전경 http://blog.naver.com/62ssam
5 성심당 대전 은행동 본점 http://www.sungsimdang.co.kr/

p.137
6 프라이탁 Backpack & Laptop bags https://www.freitag.ch/en

p.141
7 탐스 슈즈 캔버스&글리터 http://cafe.naver.com/mifecafe/168

p.143
8 다이슨의 제품들 https://namu.wiki/w/다이슨
9 카인드스낵스의 제품들 https://www.kindsnacks.com/products/variety/give-kind-a-try

1판 1쇄 펴낸날 2017년 7월 25일
1판 2쇄 펴낸날 2019년 7월 5일

지은이 허일무
펴낸이 나성원
펴낸곳 나비의활주로

책임편집 유지은
디자인 design BIGWAVE

주소 서울시 강북구 삼양로 85길, 36
전화 070-7643-7272
팩스 02-6499-0595
전자우편 butterflyrun@naver.com
출판등록 제2010-000138호

ISBN 979-11-88230-09-9 03320

※ 이 책은 한국출판문화산업진흥원의 출판콘텐츠 창작자금을 지원받아 제작되었습니다.